CHARLES DE GAULLE,
DERNIER ROI DES FRANCS

Les Impliqués Éditeur

Structure éditoriale récente fondée par L'Harmattan, Les Impliqués Éditeur a pour ambition de proposer au public des ouvrages de tous horizons, essentiellement dans les domaines des sciences humaines et de la création littéraire.

Déjà parus

Gilles (Claude), *Porteur d'espoir*, récit, 2015.

Blaise (Mario), *Histoires de migrants*, récit, 2014.

Peyrat (Jean-Michel), *Rhapsodie pour une ombre*, roman, 2014.

Thuillier (Alain), *Coutumes et récits face à la mondialisation*, essai, 2014.

Hombart (Jean-Claude), *Naufragée de la dictature*, récit, 2014.

Castellani (Robert-Noël), *Vers l'apocalypse*, essai, 2014.

Rabesahala-Randriamananoro (Charlotte), *La religion malgache ancestrale pratiquée*, essai, 2014.

De la Caffinière (Jean-Yves), *Glossaire d'un observateur des temps présents*, essai fragmenté, 2014.

Nduwayo (Léonard), *Une nouvelle page de la nouvelle université rwandaise*, témoignage, 2014.

Heckly (Christophe et Serge), *Une famille vosgienne à travers les deux guerres*, récit, 2014.

Ces dix derniers titres de ce secteur sont classés par ordre chronologique en commençant par le plus récent.
La liste complète des parutions, avec une courte présentation du contenu des ouvrages, peut être consultée sur le site :
www.lesimpliques.fr

François Flohic
Bernard François Michel

Charles de Gaulle, dernier roi des Francs

*

essai

Les impliqués Éditeur

21 bis, rue des écoles, 75005 Paris

www.lesimpliques.fr
contact@lesimpliques.fr

ISBN : 978-2-343-05151-2
EAN : 9782343051512

AVANT-PROPOS

L'ADMONESTATION DE FAULCONBRIDGE

« ... Soyez grand dans l'action, comme vous l'avez été par la pensée, ne laissez pas le monde voir la peur, et la triste inquiétude s'emparer de votre royal esprit... Ainsi les regards du commun qui calquent leur comportement sur celui des grands, s'élèvent à la grandeur par votre exemple...[1] »

Rares sont ceux qui ont pu suivre l'action publique de Charles de Gaulle, depuis l'appel du 18 juin 1940, jusqu'à son départ volontaire du pouvoir en 1969, ponctuée par son voyage en Irlande, terre de ses ancêtres maternels, les Mac Cartan.

L'amiral François Flohic fait partie de ces « grands témoins » qui, Français libre à 19 ans, a participé aux combats du « libérateur de la Patrie », puis a eu le privilège de servir directement le chef de l'Etat, lors des présidences de Charles de Gaulle, de 1959 à 1969.

En 1958, François Flohic, alors capitaine de corvette, est sélectionné par la Marine pour devenir aide de camp de Charles de Gaulle, Président de la République. Il l'a été de 1959 à 1963, puis de 1965 à 1969.

---

1 Admonestation de Faulconbridge, bâtard de Richard Cœur de Lion à son oncle le roi Jean (acte V, scène 1) Shakespeare.

Engagé dans les forces navales françaises libres (FNFL), il avait servi, deux années durant, sur la corvette « La Roselys », dans la bataille de l'Atlantique et les convois vers Mourmansk, puis sur la frégate « La Découverte », avec laquelle il participa à l'assaut initial des plages de Normandie, le 6 juin 1944.

La guerre finie, François Flohic poursuit sa carrière dans la Marine, avec divers commandements, dont le dernier, prestigieux, du porte-hélicoptères « Jeanne d'Arc » et du groupe école d'application des enseignes de vaisseaux.

Il la termine en 1977, comme amiral attaché des forces armées près de l'ambassade de France à Londres.

Rien ne préparait le Docteur Bernard François Michel, neurologue des hôpitaux de Marseille, d'abord et avant tout homme de science, spécialiste des maladies neurologiques dégénératives, à participer à la rédaction d'un livre sur Charles de Gaulle, qu'il n'a pas connu directement.

Etudiant de la génération 68, il aurait pu, comme nombre de ses camarades de terminale, s'enflammer pour l'utopie révolutionnaire de ce mois de mai.

Au contraire, c'est précisément le 30 mai de cette année-là, qu'entendant à la radio le discours de Charles de Gaulle, revenant de Baden-Baden avec François Flohic, il devient un admirateur de l'homme du 18 juin.

Ce n'est que trente ans plus tard qu'il en comprendra les raisons profondes, en découvrant le parcours exceptionnel de son oncle, Paul Piétri, dans la France libre, au sein du premier régiment de fusiliers marins (1er RFM). Ce que Bernard François Michel avait retrouvé en Charles de Gaulle, c'était précisément les valeurs que lui avait inculquées sa famille.

Ces mêmes valeurs, François Flohic les incarne au plus haut point. Il était donc logique que, partageant un idéal commun, le marin et le médecin unissent leurs réflexions pour tenter de comprendre les motivations de ces hommes libres qui ont sauvé la France et tout particulièrement de leur chef, Charles de Gaulle.

Si Charles de Gaulle continue à fasciner, plus de 40 ans après sa mort, c'est qu'il a su s'élever au-dessus du commun, au sommet de l'esprit humain et à élever, par là même, ceux qui l'ont approché.

Il y a en permanence chez lui, tant dans sa réflexion que dans son action, une hauteur de vue toute aristocratique, bien au-dessus de la politique politicienne de ses adversaires.

C'est bien l'homme des tempêtes et des actions héroïques.

Cet ouvrage, écrit en parfaite harmonie des auteurs, est basé en partie sur des souvenirs personnels de François Flohic et des faits dont il a été le témoin, parfois le seul, ou l'acteur.

Le travail de Bernard François Michel a consisté en une minutieuse analyse bibliographique des œuvres citées en référence et à une confrontation objective et passionnante de son jugement sur les événements et les hommes avec le « grand témoin ».

Il a souhaité que soit consacré, pour commémorer les 70 ans anniversaires, un chapitre particulier à la campagne du corps expéditionnaire français (CEF) en Italie, où son père, Marcel Michel, officier dans le 67ème régiment d'artillerie d'Afrique de la troisième division d'infanterie algérienne (3ème DIA), a été grièvement blessé lors de la bataille du Belvédère et où son oncle, Paul Piétri, engagé dans le 1er RFM de la première division française libre (1ère DFL), est entré l'un des premiers dans Rome.

Cet ouvrage n'est pas un livre d'histoire, mais un « essai », en hommage solennel à Charles de Gaulle, tendant à retrouver le fil conducteur qui a en permanence guidé son action, façonnant pour l'Histoire un personnage hors du commun.

Ce fil conducteur est clairement la conviction, dont était pénétré Charles de Gaulle, du caractère sacré et prédestiné de sa charge.

Le vœu le plus cher des auteurs est que les personnes, qui n'ont entendu parler de Charles de Gaulle qu'au travers de son appel du 18 juin, soient incitées à parfaire leur connaissance d'un des plus grands hommes de notre Histoire.

*

Bien que Charles de Gaulle puisse être cerné par ses remarquables « Mémoires de Guerre » et les très nombreux ouvrages à lui consacrés, il est apparu utile de souligner le rôle des armes dans l'accomplissement de son destin. Un destin a priori militaire, étant donné qu'il avait choisi de servir dans son ordre ; la défaite de nos armées en 1940 en a modifié le cours et l'a conduit au rang de Chef d'Etat.

Tout au long de cet essai, François Flohic et Bernard François Michel vont montrer comment les armes de la France libre, puis celles de l'armée d'Afrique et de la résistance intérieure, ont forgé le destin de Charles de Gaulle et modifié celui de la France.

Appelé comme chef du Gouvernement en 1958, pour faire barrage à l'armée d'Algérie qui menace l'Etat, il le dote d'une nouvelle Constitution qui permet l'action.

Devenu Président de la République en 1959, il l'amende en 1962, en se faisant élire au suffrage universel. Il emploie la force armée pour aboutir à la paix en Algérie. Plus tard, en 1968, il fait appel à elle, pour maintenir la Nation et l'Etat.

CHAPITRE PREMIER

Le destin

CLOVIS ET CHARLES DE GAULLE

« … La France fut faite à coups d'épée. Nos pères entrèrent dans l'Histoire avec le glaive de Brennus. Ce sont les armes romaines qui leur portèrent la civilisation. Grâce à la hache de Clovis, la patrie reprit conscience d'elle-même… »

Nos manuels d'histoire nous ont appris, qu'en 486, un Franc Salien du nom de Clovis est hissé sur le pavois par quelque 3000 de ses guerriers et proclamé roi Clovis Ier. En 498, baptisé à Reims par l'évêque Rémi, il est à l'origine du royaume de France.

Lorsque Clovis apparaît sur la scène de l'histoire, l'Empire Romain d'Occident n'existe pratiquement plus. Les tribus germaniques ont franchi le Rhin, envahi la Gaule où elles se sont taillé des royaumes : Wisigoths, au sud de la Loire, jusqu'aux Pyrénées ; Burgondes dans le Nord-Est, l'Alsace, la Suisse, la Bourgogne ; Ostrogoths dans le Sud-Est, la Provence, l'Italie.

Le royaume de Clovis n'est qu'un tout petit territoire, entre mer du Nord, Escaut et Cambrésis. Paradoxalement, il a conservé son caractère de romanité grâce à

Childéric I, père de Clovis, qui a toujours favorisé la cause romaine dans les conflits qui déchirent la Gaule gallo-romaine.

Clovis, poursuivant la politique de son père, ne tarde pas à se heurter à ses voisins, lorsqu'il veut agrandir son territoire. En 487, il remporte la victoire écrasante de Soissons qui l'amène sur la Seine, avec la complicité de Geneviève, patronne de Paris.

Il obtient, du roi des Burgondes, la main de sa fille Clotilde, qu'il épouse à Soissons en 492. Clotilde, de foi catholique, va jouer un grand rôle dans sa destinée et sa conversion.

Il est alors menacé par les Alémans, sur sa frontière Nord. Le combat furieux et longtemps indécis a lieu à Tolbiac, en 496. C'est au cours de ce combat que Clovis fait vœu de se convertir à la foi de son épouse, si Dieu lui donne la victoire. Son royaume s'étend, du même coup, jusqu'à la Loire.

En 498, Clovis est baptisé à Reims, par son évêque Rémi, entouré de la plupart des évêques de Gaule. Ce baptême a un grand retentissement car Rémi, consacré depuis 459, est le doyen de tout l'épiscopat de la Gaule.

Clovis, entré dans l'Eglise d'une manière on ne peut plus orthodoxe, peut désormais se prétendre l'héritier de la romanité chrétienne. Les populations gallo-romaines se rallient à lui, ils le voient avec d'autant plus de sympathie, qu'ils sont dans des royaumes ariens, Wisigoths, burgondes et ostrogoths.

Animé de sa volonté farouche de romanité unitaire, il s'emploie à les détruire. Les Wisigoths le sont, par sa victoire de 501, près de Poitiers et ses campagnes successives de 507 à 509 en Aquitaine. Les Wisigoths sont rejetés en Espagne.

On peut dire que Clovis a conquis, à grands coups d'épée, la majeure partie de la Gaule, dont ses héritiers feront le Royaume chrétien catholique de France.

Né en 466, Clovis meurt en 511 à Paris. Il est inhumé près du tombeau de Sainte Geneviève.

Quinze siècles plus tard, un autre Français, Charles de Gaulle, se trouve dans une situation symboliquement comparable à celle de Clovis.

Le 26 août 1944, dans un Paris libéré la veille, il reçoit l'onction populaire, dans sa descente triomphale des Champs-Elysées et lors de la messe à Notre Dame, protégé, tout au long du trajet, par ses soldats de la deuxième division blindée (2ème DB).

Ce 26 août, Charles de Gaulle ceint la couronne de la légitimité qu'il continuera de porter, jusqu'à son retrait volontaire de sa mandature de Président de la République, le 28 avril 1969.

*

Dans cet ouvrage, par un parallèle avec Clovis, retraçant ne serait-ce que sommairement ce qu'a été la vie publique de Charles de Gaulle, nous ambitionnons de montrer comment, pas à pas, d'abord en utilisant les armes de la France libre, puis celles de la France entière, il a réussi à bouter l'envahisseur allemand hors de France, tout en restaurant la République et, plus tard, l'indépendance du pays.

Quelle est aussi l'importance des armées dans la cohésion nationale, leur rôle dans l'indépendance et la sécurité des citoyens, d'où la nécessité de les adapter en permanence à la situation du monde ?

Nous sommes conscients que c'est une entreprise considérable, puisqu'il s'agit de notre Histoire récente ; nous n'avons pas eu la prétention de l'écrire sous tous ses aspects.

En rappelant le passé, nous croyons faire œuvre utile, dans le débat nécessaire, sur l'avenir de la France. Toute la question est pour elle de s'adapter ou de disparaître.

Il va de soi, pour nous, qu'elle doit poursuivre son Histoire millénaire, mais qu'elle doit s'en donner les moyens.

DE L'ARMEE A LA VIE PUBLIQUE

« … L'intérêt de la vie consistait à lui rendre, un jour, quelque service signalé et que j'en aurais un jour l'occasion… »

Le jeune Charles de Gaulle est né en 1890 à Lille, dans une ancienne famille parisienne, alliée au Nord par mariage. Il aurait pu être robin, tabellion ou guerrier, suivant les circonstances, comme nombre de ses lointains ancêtres. La défaite de 1870, l'amputation du territoire national de l'Alsace et de la Lorraine, la nécessité de la revanche, décident de son destin…

L'exemple de son père, *« imprégné du sentiment de la dignité de la France »*, de sa mère, portant à la *« patrie une passion intransigeante à l'égal de sa piété religieuse »* l'incite à entrer dans la carrière des armes, d'autant plus qu'au début du siècle apparaissent les prodromes de la guerre qui laveront la défaite de 1870 et referont l'intégrité du territoire.

En octobre 1909, il est admis à l'école militaire spéciale de Saint-Cyr, élève-officier d'active. Il en sort sous-lieutenant en septembre 1912, affecté au 33ème régiment d'infanterie, cantonné à Arras, dont le commandant est le colonel Philippe Pétain. Charles de Gaulle a choisi l'infanterie, la *« reine des batailles »*.

Rapidement, le 3 août 1914, c'est la guerre avec l'Allemagne. Blessé le 15 août à Dinant, où se sont portées les troupes françaises, il est de retour dans son régiment le 12 octobre.

Le 10 mars 1915, il est de nouveau blessé au combat de Mesnil-les-Hurlus, dans la Somme. Guéri, il rejoindra son régiment le 16 juin.

Comme beaucoup d'autres, celui-ci va être engagé dans la gigantesque bataille de Verdun.

Le 2 mars 1916, le capitaine Charles de Gaulle est grièvement blessé au combat au village de Douaumont, laissé pour mort et considéré comme disparu sur le champ de bataille. Ramassé et soigné par les Allemands, il devient leur prisonnier.

En dépit de quatre tentatives d'évasion, dont deux au moins ont failli réussir, il restera captif, étroitement surveillé, jusqu'à la fin de la guerre.

Ce n'est que le 28 novembre 1918 qu'il regagne la France, l'armistice victorieux ayant été signé le 11 novembre à Rethondes.

Frustré[2] de ne pas avoir pu combattre, autant qu'il l'aurait souhaité, il accepte de servir en 1919 dans l'armée polonaise qui combat les Russes, au cours de deux périodes - la seconde durant du 30 juillet au 20 août 1920 - où il commande victorieusement un bataillon opposé aux généraux russes Mikhaïl Toukhatchewski et Mikhaïlovitch Boudienny.

---

[2] Dans une lettre à sa mère, le 1er novembre 1918, il exprime son *« regret indescriptible de n'avoir pas pris une meilleure part aux combats »*.

Il fait aussi l'instruction morale et opérationnelle de plus de 200 officiers polonais.

Rentré en France en 1921, il se marie en avril et commence le cursus normal de formation de tout officier d'active, entre affectations et stages divers. En 1922, il est admis à l'école supérieure de guerre et, en 1936, il est chargé de cours à l'école spéciale militaire de Saint-Cyr.

Particulièrement importante est, en 1931, son affectation au Secrétariat général de la Défense nationale (SGDN), jusqu'à sa prise de commandement du 507ème régiment de chars de combat, à Metz en 1937.

Tout au long de ces années, il ne cesse d'approfondir sa pensée militaire par des publications dans des revues spécialisées. Il fait éditer ses ouvrages, « La discorde chez l'ennemi », « Le fil de l'épée », « Vers l'armée de métier », « La France et son armée ».

Au SGDN, il a pris la mesure des moyens de toutes sortes qui lui serviront, plus tard, à définir sa politique de défense nationale et l'organisation qui la met en œuvre.

Le 2 septembre 1939, il commande par intérim les chars de la Vème armée. Le 3 septembre, la France et la Grande-Bretagne déclarent la guerre à l'Allemagne. Charles de Gaulle est prêt, militairement, psychologiquement, moralement.

Lorsque, l'année suivante, en mai 1940, l'Allemagne lance ses divisions blindées motorisées (organisées par Heinz Guderian, suivant les plans préconisés par Charles de Gaulle, que la France n'a pas adoptés), à travers les Ardennes (réputées infranchissables par notre état-major), afin d'isoler et de défaire les forces franco-anglaises, imprudemment avancées en Belgique, Charles de Gaulle commande la 4ème division cuirassée, hâtivement constituée pour faire face à l'urgence.

Sans perdre un instant, il lance ses chars sur le flanc de l'avancée ennemie vers la mer. Du 27 au 30 mai, à Montcornet, à Crecy sur Serre, au nord de Laon et à Abbeville, il arrête l'ennemi mais, faute de soutiens et de moyens, il ne peut poursuivre son offensive.

Elle aurait entraîné le revers majeur de l'ennemi et permis de stabiliser le front, changeant ainsi le cours de la guerre.

Au vu de ses succès, Charles de Gaulle est promu général de brigade à titre temporaire, le 1er juin et appelé dans le gouvernement de Paul Reynaud, comme sous-secrétaire d'État à la Défense Nationale et à la Guerre. De ce fait, il devient un politique.

La situation militaire se détériore chaque jour un peu plus, sous la poussée des armées allemandes.

Il y a le désastre de Dunkerque, les armées ennemies progressant vers le sud de Paris. Charles de Gaulle se dépense sans se ménager, pour organiser la défense, mais rien ne peut enrayer l'avance de l'ennemi.

Il se rend une première fois à Londres, le 9 juin, pour convaincre Winston Churchill (compagnon de la libération le 18 juin 1956), le Premier ministre britannique, de renvoyer son corps expéditionnaire en France et une partie de la « Royal Air Force » (RAF).

L'armée britannique n'existe plus et Churchill ne veut pas se dessaisir de sa chasse, seule protection qui reste au Royaume-Uni.

La mission de Charles de Gaulle est donc un échec. La France ne peut plus compter que sur ses propres moyens qui sont malheureusement impuissants à contenir l'avance de l'ennemi.

Le 14, il est à Paris. Mais le gouvernement ayant été contraint de quitter la capitale le 10, avant l'arrivée des Allemands, il s'est fixé à Bordeaux, après un court séjour à Tours.

De retour en France, Charles de Gaulle va désormais s'employer, au sein du gouvernement, à convaincre ses collègues, notamment le président du Conseil Paul Reynaud, qu'il faut continuer la guerre dans l'Empire, en s'installant en Afrique du Nord, avec le maximum de moyens militaires et industriels.

Il reçoit mission de se rendre une deuxième fois à Londres, le 15 juin, afin d'obtenir le tonnage naval nécessaire au transport des armées qui existent encore et de tous les moyens industriels et autres qui pourraient y être transportés.

Dès son arrivée à Londres, le 16 juin, il est saisi de la proposition de Jean Monnet, chef de la mission économique sur place, du projet de complète union entre les deux peuples français et britannique, qu'il soumet à Churchill qui le reprend d'enthousiasme à son compte, en téléphonant à Paul Reynaud, pour le lui faire savoir.

Lorsque Charles de Gaulle rentre à Bordeaux dans la soirée, il apprend, atterré, que Reynaud, mis en minorité dans le Conseil, a démissionné pour laisser la place au maréchal Pétain, comme Président du Conseil, qui a constitué son gouvernement en vue de demander l'armistice à nos deux ennemis (l'Italie ayant déclaré la guerre le 10 juin).

Le maréchal déclare aux Français, *« le cœur serré »*, qu'il faut cesser le combat et s'être adressé la nuit précédente à l'adversaire, pour chercher les moyens de mettre fin aux hostilités.

Charles de Gaulle est farouchement opposé à toute demande d'armistice, tant que la France n'a pas épuisé tous ses moyens, encore considérables, avec la flotte intacte et l'Empire.

*

Comme il a décidé de continuer le combat, il s'envole pour Londres, le 17 juin au matin, avec son aide de camp, le lieutenant Geoffroy Chodron de Courcel (compagnon de la libération le 8 juillet 1943), *« le premier de ses compagnons et pour toujours son ami »*, dans l'avion que Churchill a laissé à sa disposition.

Pétain, le grand chef de 1914-1918, le glorieux vainqueur de Verdun, progressivement atteint de vanité sénile, renie son glorieux passé. De compromission en collaboration, il échouera sans gloire à Sigmaringen en août 1944, otage, sinon prisonnier des Allemands.

Rendu dans la capitale britannique, Charles de Gaulle est animé de la volonté farouche de combattre. Son objectif immédiat est de ressouder les tronçons brisés du glaive de la France et d'entraîner le maximum de Français avec lui.

Churchill, qui a jaugé son caractère inflexible et sa volonté de combattre jusqu'au bout lors du conseil interalliés du 11 juin à Briare, le reçoit à son arrivée et met à sa disposition les micros de la « BBC » pour lancer son appel historique, dès que la demande d'armistice français est officielle.

C'est le fameux appel du 18 juin qui ne cesse de résonner dans l'Histoire, malheureusement non enregistré… C'est l'acte fondateur de la France libre !

NAISSANCE DE LA FRANCE LIBRE

« … La France a perdu une bataille, mais n'a pas perdu la guerre… Dans l'univers libre des forces immenses n'ont pas encore donné. Un jour, ces forces écraseront l'ennemi. Il faut que la France, ce jour-là, soit présente à la victoire… »

L'occasion de rendre quelque service à la France, Charles de Gaulle la saisit, ce 18 juin 1940, en lançant son appel historique à la résistance qui ne cesse de résonner dans l'Histoire.

Certes, il porte l'uniforme de général et se présente comme le « Général de Gaulle », mais c'est en tant qu'homme politique, ancien membre du gouvernement Reynaud, qu'il presse les officiers et soldats qui se trouvent en Grande-Bretagne de se joindre à lui pour poursuivre la combat.

Le 19, élargissant sa proposition, il s'adresse aux soldats de France. Enfin, le 22, il invite *« tous les Français qui veulent rester libres »* à l'écouter et à le suivre.

La France libre vient de naître.

Charles de Gaulle mesure l'ampleur de la tâche qu'il s'est fixée, dans l'état de dénuement complet dans lequel il se trouve, mais il est soutenu par sa foi inébranlable dans le destin de la Patrie, tandis que beaucoup d'esprits timorés, ou prudents, assommés par la défaite, la considèrent comme démesurée, sinon insensée.

D'abord rallier les forces qui se trouvent sur le sol du Royaume-Uni.

On dénombre quelque 30 000 militaires : 7 500 légionnaires de la division de Norvège d'Antoine Béthouard (compagnon de la libération le 7 juillet 1943), environ 13 000 hommes revenus de Brest, de la Marine et des ports[3], 7 500 marins des bâtiments réfugiés, quelque 2 000 rescapés de Dunkerque, dont certains soignés dans les hôpitaux.

Le recrutement n'est pas facilité par le gouvernement de Sa Majesté qui continue de ménager le gouvernement du maréchal Pétain, tant qu'il n'a pas signé l'armistice. Cela sera fait le 23 juin, Pétain ayant accepté les conditions de l'Allemagne et de l'Italie.

La situation est nette pour Churchill, la Grande-Bretagne est seule. Le 28, n'ayant vu venir aucune personnalité de premier plan, il déclare à Charles de Gaulle : *« vous êtes seul et bien je vous reconnais seul, chef des Français libres. »*

D'homme politique qu'il était devenu, en entrant dans le gouvernement de Reynaud, Charles de Gaulle est adoubé chef d'Etat par Churchill, un Etat sans appareil, sans moyen, sans territoire qui ne cessera de grandir.

Un chef d'Etat qui se révèlera très difficile, avec lequel il aura des heurts parfois très violents, d'autant plus violents que Charles de Gaulle défend jalousement les intérêts de la France, mais avec lequel il finira toujours par s'entendre.

Les deux hommes ne cesseront de s'estimer jusqu'à leur mort.

Du fait de cette reconnaissance, les ralliements se trouvent facilités ; pas autant que Charles de Gaulle l'espérait.

Les plus significatifs sont ceux des légionnaires qui formeront le noyau de la 13ème DBLE, les contre-torpilleurs « Triomphant » et « Léopard », l'aviso-colonial « Savorgnan de Brazza », les sous-marins « Ru-

---

[3] Ils seront l'élément constitutif de la 13ème demi-brigade de la légion étrangère (13ème DBLE).

bis » et « Narval » et d'autres bâtiments de moindre importance, quelques aviateurs isolés qui, déjà combattent dans la RAF.

L'amiral Emile Muselier (compagnon de la libération le 1er août 1941) sera le premier commandant de cette marine française libre, les FNLF, qui est son œuvre.

La première unité de la France libre créée est le 1er RFM, le 3 juillet 1940, au début simple bataillon de fusiliers marins, où s'engage Paul Piétri, le 17 juillet 1940.

Muselier commande aussi, au début, les forces aériennes françaises libres (FAFL).

L'espoir de voir se poursuivre les recrutements a été soudainement ruiné, le 3 juillet, par l'opération anglaise « Catapult » de la « Royal Navy », visant à rallier, s'emparer ou couler les bâtiments de notre flotte, où qu'ils se trouvent.

A Mers el Kébir, où la flotte était au mouillage, la « Royal Navy » a coulé le cuirassé « Bretagne » et endommagé gravement le « Dunkerque ». Charles de Gaulle dira que ce fut un coup de hache dans les recrutements.

Fait d'immense portée pour l'avenir, l'île de Sein envoie tous ses hommes valides en Angleterre, préfigurant ce qui deviendra, plus tard, la résistance, sur le sol national. Mais pour l'instant, l'épée de la France libre est bien courte, pour combattre.

L'appel de Pétain du 17 juin à déposer les armes a provoqué chez les proconsuls de l'Empire quelques velléités à continuer de combattre.

Finalement, la plupart d'entre eux, confirmés dans leur commandement, se rangent dans les plis de la bannière étoilée du maréchal, qu'ils tiennent garant des intérêts français.

Le 22 juillet, les Nouvelle Hébrides se déclarent pour la France libre. Le 26 août le Gouverneur Général Felix Eboué apporte le Tchad dans la corbeille. Il sera reconnu *« comme son compagnon, dans l'honneur et pour la victoire »* par Charles de Gaulle, dès le 29 janvier 1941.

Le 28 août, c'est au tour du Congo ; le 29, l'Oubangui Chari fait acte d'allégeance. A la fin août c'est presque la totalité de l'Afrique équatoriale française (AEF) qui s'est ralliée. Le 2 septembre, la Polynésie deviendra française libre, le 9, les établissements de l'Inde et le 24, la Nouvelle Calédonie.

Des renseignements font état de la bonne disposition du gouverneur général de l'Afrique occidentale française (AOF) à Dakar et des possibilités de ralliement de ses territoires. L'AOF ralliée, c'est presque toute l'Afrique française relancée dans la guerre, à l'exclusion des États du Maghreb, du Maroc, de l'Algérie et de la Tunisie. Charles de Gaulle fait part à Churchill de ses plans, pour rallier l'AOF, en commençant par Dakar.

Il se trouve que le gouvernement de sa Majesté est aussi préoccupé du sort de Dakar. Si l'Allemagne s'y voyait octroyer des facilités, pour ses sous-marins et ses avions, les convois remontant le long de la côte occidentale d'Afrique se trouveraient gravement menacés.

Notons que cette éventualité a bien failli se concrétiser par les accords de Paris de mai 1941.

A l'époque, François Darlan, vice-président du Conseil, co-généralissime à Vichy, convaincu que les Allemands allaient gagner la guerre, négocie, une semaine durant avec eux, à l'ambassade d'Allemagne à Paris, diverses facilités pour leurs forces : utilisation des aérodromes de Syrie en soutien aux révoltés d'Irak, ravitaillement de « l'Afrika Korps » engagé en Lybie à partir de Toulon, traversée de la Tunisie et fourniture des canons stationnés, dont les 155 ; l'utilisation de Dakar faisant l'objet d'un protocole particulier.

Le onze du même mois, Darlan se rend à Berchtesgaden, pour offrir à Adolf Hitler la marine (française), dont il a tant besoin pour vaincre l'Angleterre.

Hitler, au faîte de sa puissance, qui s'apprête à attaquer l'URSS, ce qu'il fera le 22 juin, n'est pas disposé à payer le prix (modeste) des offres qui lui sont faites, lesquelles auraient changé le cours de la guerre. Il se borne à déclarer qu'il n'a pas besoin de la France pour gagner la guerre, qu'elle peut seulement hâter sa victoire[4].

A Londres, en juillet, août et septembre de 1940, les préparatifs de l'expédition de Dakar vont bon train. Churchill décide que ce sera l'opération de la Grande-Bretagne, à laquelle la France libre se joindra.

Eu égard à la place, avec le cuirassé « Richelieu » dans le port et le remplacement du gouverneur jugé insuffisamment sûr, par l'ex-gouverneur de l'AEF, Pierre Boisson, réputé énergique et totalement dévoué au maréchal Pétain, Charles de Gaulle préconise la stratégie indirecte contre la péninsule, en l'isolant de son arrière-pays et en l'attaquant par la terre.

Il demande à être couvert du côté de la mer par la « Royal Navy ». Churchill, emporté par le romantisme de l'action, lui décrit l'effet magnifique sur les populations d'une puissante force aéronavale qui apparaît un beau matin devant la ville.

---

[4] Benoist-Méchin J. De la défaite au désastre, p. 79.

Manifestement, il s'inspire de l'expédition de Gallipoli de la guerre 14-18 qui lui a si mal réussi, comme Premier Lord de l'Amirauté.

En dépit de ses réticences, Charles de Gaulle est contraint de céder, à contre-cœur, l'Angleterre fournissant la majeure partie des moyens. Il doute du succès d'une opération conduite de cette manière.

L'escadre britannique comprend les cuirassés « Barnham » et « Résolution », le porte-avions « Ark Royal », quatre croiseurs, des destroyers et un pétrolier ravitailleur.

La flotte française libre comporte l'aviso colonial « Savorgnan de Brazza », les avisos « Commandant Duboc », « Commandant Domine », deux chalutiers armés « Le Viking » et « Le Vaillant ».

Les troupes, embarquées sur les paquebots hollandais « Pennland » et « Westerland », sont un bataillon de la légion, une compagnie de fusiliers marins (dont fait partie Paul Piétri), le personnel d'une compagnie de chars et d'une batterie d'artillerie.

Quatre cargos français, « Anadyr », « Casamance », « Fort Lamy », « Nevada », transportent le matériel lourd et du ravitaillement.

Le 31 août, Charles de Gaulle s'embarque à bord du « Westerland », pour l'Afrique, avec l'expédition qui fait route, en convoi protégé.

Le 23 septembre, au lever du jour, les navires de combat et les transports de troupes sont devant Dakar où les évènements ne se déroulent pas comme Churchill les avait imaginés.

Malheureusement, l'effet de surprise est manqué, à cause d'une épaisse brume qui couvre la presqu'île et dérobe la force assaillante aux regards terrestres.

Dakar, qui a été renforcé par les croiseurs « Georges Leygues » et « Montcalm », les trois contre-torpilleurs « Audacieux », « Fantasque » et « Malin », auxquels l'amiral britannique de Gibraltar n'a pas interdit le franchissement du détroit, se sent en mesure de résister à l'escadre britannique.

Les marins français sont animés de l'esprit de vengeance, après Mers el Kébir ; on peut compter sur leur réaction vigoureuse. Les plénipotentiaires français libres, envoyés dans le port, sont reçus à coups de mitrailleuses, tandis que les canons du « Richelieu » tiennent les grands bâtiments britanniques à distance.

Le premier sang français libre est versé ; c'est celui de l'amiral Georges Thierry d'Argenlieu, (compagnon de la libération le 29 janvier 1941), futur chancelier de l'Ordre de la libération.

Le sous-marin « Poncelet » décoche une salve de torpilles. Le cuirassé « Resolution » est sur le point de couler, le croiseur « Cumberland » est sérieusement touché. A l'évidence, la prise directe de Dakar s'avère impossible, sans pertes considérables, si toutefois elle peut se faire.

En dépit des injonctions de Churchill, de poursuivre à fond l'opération commencée, l'amiral John Cunningham, commandant la flotte, décide sagement d'y mettre un terme. L'expédition se retire à Freetown.

Charles de Gaulle est très affecté par l'échec de l'opération. Devant les critiques véhémentes contre lui, à Londres et à Washington, qui lui imputent l'échec de l'opération, il envisage un moment d'abandonner son entreprise de la France libre.

Mais à Londres, Churchill défend vaillamment son comportement, tandis que les Français Libres, malgré leur déconvenue, restent pleins d'ardeur dans les territoires déjà conquis et qu'ils s'emploient à rallier le Cameroun et le Gabon.

Charles de Gaulle décide de les rallier de vive force, si nécessaire, avec les seuls moyens de la France libre, les bâtiments britanniques le couvrant de Freetown.

Le 8 octobre, le « Commandant Domine », avec Charles de Gaulle à son bord, accoste dans le port de Douala. Il y est accueilli par un enthousiasme extraordinaire.

Philippe de Hautecloque, alias Leclerc, qui avait réussi à rallier le territoire, retrouve son chef. Il sera reconnu *« comme son compagnon, dans l'honneur et pour la victoire »* par Charles de Gaulle, dès le 6 mars 1941.

*

Reste à rallier le Gabon, apparemment résolu à se défendre, car il dispose de l'aviso colonial « Bougainville » et du sous-marin « Poncelet ». Le ralliement ne peut se faire que de vive force. Après que plusieurs postes ont été pris à terre, le « Savorgnan de Brazza » et le « Commandant Domine » entrés, le 9 novembre, dans la rade de Libreville, sont canonnés par le « Bougainville ».

La réponse de son sistership, le « Savorgnan de Brazza », l'incendie. La veille, le « Poncelet » avait été coulé par un destroyer britannique. Le Gabon, n'ayant plus les moyens de se défendre, est contraint de se rallier.

Toute l'AEF est désormais française libre.

Mettant à profit dans l'ordre institutionnel les ralliements déjà effectués, et, sans attendre ceux du Cameroun et du Gabon, le 27 octobre, à Brazzaville, Charles de Gaulle a créé le Conseil de Défense de l'Empire (reconnu le 27 décembre par le gouvernement britannique).

Brazzaville devient la capitale de la France libre. Un poste de radio de forte puissance couvre le monde de ses informations, sans contrôle ni censure des Britanniques.

CHAPITRE DEUXIÈME

L'honneur

ENGAGEMENT DES FORCES FRANCAISES LIBRES CONTRE L'AXE

« … Si notre entreprise africaine n'avait pas atteint tous les buts qu'elle avait visés, du moins la base de notre effort de guerre était-elle solidement établie, du Sahara au Congo et de l'Atlantique au bassin du Nil… »

L'installation de la France libre au Tchad ouvre des possibilités importantes d'action contre les possessions italiennes de Lybie, d'Erythrée, d'Ethiopie et contre les côtes françaises de Somalie.

Comme les Anglais désirent liquider les troupes italiennes d'Erythrée et d'Ethiopie, avant de s'engager plus avant en Libye, les Français libres participeront à leurs opérations ; en gros une demi-brigade de la Légion étrangère, un bataillon de Sénégalais, une compagnie de fusiliers marins, une de chars, une batterie d'artillerie, le tout appuyé par un groupe de bombardiers « Blenheim », transportés d'Angleterre.

Le 21 février 1941, les Français libres prennent Kub Kub, en Ethiopie, en mars, ils combattent à Keren, où Charles de Gaulle vient en personne féliciter ses troupes, accompagné de son chef d'État-major, le lieutenant-colonel Diego Brosset (compagnon de la libération le 20 novembre 1944).

Le 8 avril, le port de Massaouah est pris.

Malheureusement, la côte française des Somalies et son port Djibouti ne peuvent être attaqués.

Ils subiront le blocus du « Savorgnan de Brazza » et du « Commandant Duboc ».

Les perspectives d'action contre les espaces sahariens du sud de la Libye sont les plus prometteuses, car elles peuvent conduire les armes de la France libre jusqu'à la Méditerranée.

Charles de Gaulle fixe à Leclerc cette audacieuse mission qu'il remplira avec panache. Ce dernier entreprend aussitôt de lancer des raids contre les oasis de Mourzouk et de Koufra.

Par un coup d'audace inouï, Koufra, cette oasis italienne du Fezzan, est prise le 1er mars 1941. Leclerc y fait serment de ne pas déposer les armes, avant que le drapeau français flotte à nouveau sur Strasbourg.

Koufra entre nos mains, le vaste territoire du Fezzan italien est à portée d'attaque. Charles de Gaulle se réserve de la lancer lorsque la situation en Libye sera favorable. C'est encore loin d'être le cas.

Le 24 mai, Charles de Gaulle débarque au Caire où a lieu, sur l'aéroport, l'émouvante rencontre avec le général Georges Catroux (compagnon de la libération le 23 juin 1941).

Catroux, général à quatre étoiles, ancien gouverneur de l'Indochine, accueille ce jeune général de brigade, à titre temporaire, en le saluant au garde à vous, à sa descente d'avion, marquant ainsi qu'il le reconnaît comme chef incontesté, incarnant l'espérance de la Patrie.

Charles de Gaulle peut suivre, avec attention, la situation au Proche-Orient. Les Allemands ont pris la Grèce et se préparent à rentrer en Irak, en soutien du Premier ministre Rachid Al Katani.

Prendre l'Irak c'est disposer du pétrole, menacer les Russes en revers au Caucase, couper les lignes de communication anglaises vers les Indes.

Suite aux accords de Paris de mai, avec Darlan, les avions allemands commencent d'atterrir à Alep, en route pour Bagdad. Le Liban et la Syrie étant sous mandat français, Charles de Gaulle envisage d'y faire opérer seules les troupes françaises libres, dans l'espoir que les troupes de Vichy auront le sursaut patriotique de se rallier à lui, à la vue de l'arrivée des Allemands.

Cet espoir est déçu, car ces troupes, fortes de 30 000 hommes, prennent position à la frontière de la Palestine, pour s'opposer aux quelque 6 000 fantassins de la France libre, dans leurs velléités de gagner Damas.

Une opération d'ampleur était nécessaire pour supprimer le danger de l'installation des Allemands dans la région qui les mettrait en position de bombarder Le Caire. Charles de Gaulle n'a aucune difficulté à convaincre les Britanniques d'intervenir avec les Français libres.

Il était évident que l'affaire serait tragique, car elle allait opposer des Français entre eux. La première division française libre (1ère DFL), qui vient d'être créée, s'apprête à accompagner les forces britanniques en Syrie, pour contrer les forces allemandes qui commencent d'y arriver, en vertu des accords de Paris.

Le 8 juin, les colonnes franco-britanniques, venant de Palestine et de Transjordanie, pénètrent au Liban et en Syrie.

La 1ère DFL est engagée, afin de préserver les intérêts français, mais sa présence entraîne de durs combats fratricides, dont l'assassinat du capitaine de corvette Robert Detroyat (compagnon de la libération le 16 août 1944), patron des fusiliers marins où sert Paul Piétri, tué lâchement dans le dos par un homme de Vichy qu'il venait de faire prisonnier.

Les troupes du général Henri Dentz ne peuvent arrêter la progression franco-britannique. Le 21, Damas la capitale est prise, mais les combats se poursuivent jusqu'en juillet, lorsque Dentz est contraint de déposer les armes.

Ce n'est que le 14 juillet, à Saint-Jean d'Acre, qu'est signé, entre les Britanniques et les autorités vichystes, un armistice, auquel les Français libres n'ont pas été conviés. Leur absence aux accords est inadmissible et va donner naissance à une grave crise avec le gouvernement de Sa Majesté.

Charles de Gaulle et la France libre ont été tenus à l'écart. De surcroît, la clause du rapatriement des troupes de Dentz, avec leur matériel, est particulièrement défavorable à la France libre.

La vigoureuse protestation de Charles de Gaulle, depuis Brazzaville, permet le contact avec les troupes qui n'ont pas encore réembarqué pour la France.

Mais les ralliements à la France libre sont peu nombreux : 127 officiers et environ 6000 hommes, sous-officiers et soldats, soit le cinquième des troupes de Vichy au Levant.

L'autorité française libre sur les territoires n'est pas réglée pour autant, les responsables anglais sur place jouant un jeu trouble.

Charles de Gaulle enjoint à René Cassin, secrétaire permanent du Conseil de Défense de l'Empire, nommé compagnon de la libération le 1er août 1941, de déclarer au gouvernement britannique que la situation peut amener à la rupture.

*

Finalement, un accord se fait sur la coopération franco-britannique au Proche-Orient qui sauvegarde les intérêts de la France, il est admis que le général Catroux exercera l'autorité de la France libre.

Le 27 septembre il proclame l'indépendance de la Syrie et du Liban.

Ces nouveaux développements nécessitent de faire évoluer les institutions de la France libre, pour les adapter à la situation.

Charles de Gaulle rentre à Londres le 1er septembre et signe, le 24, les ordonnances portant organisation des pouvoirs de la France libre, instituant le Comité National Français et réorganisant le Conseil de Défense de l'Empire.

Ce que reconnaît l'Union Soviétique presqu'aussitôt.

La situation ainsi stabilisée au Proche-Orient, le commandement britannique peut se consacrer entièrement à la situation en Libye qui requiert toute son attention urgente.

BIR HACHEIM

« … Oh ! Cœur battant d'émotion, sanglots d'orgueil, larmes de joie !… »

La France libre a en vue son installation en Afrique du Nord ; dans un premier temps elle se doit de participer aux combats de Libye, où les Britanniques ont lancé leur offensive en novembre 1941.

Leclerc peut agir seul à partir du Fezzan qu'il importe de conquérir, afin de marcher sur Tripoli avec les troupes britanniques.

Deux divisions légères et un régiment de blindés ont été formés en Syrie. Charles de Gaulle propose de les mettre à disposition du commandement, mais ne reçoit pas un accueil favorable, sur place.

Devant ce refus, le Comité national français, dépité, envisage alors l'engagement de ses troupes sur le front de l'Est.

Charles de Gaulle prend contact avec l'ambassadeur Alexandre Bogomolov, à cet effet, sans faire mystère au gouvernement de Churchill de ses intentions. La démarche de Charles de Gaulle auprès des Russes a pour effet immédiat de provoquer la décision de Churchill.

Le 7 décembre 1941, il informe le chef de la France libre que le général anglais commandant sur place est soucieux d'engager une brigade française en Cyrénaïque.

Menacé par l'offensive imminente d'Erwin Rommel en Cyrénaïque, il réorganise des zones de résistance.

Le premier janvier 1942, la 1ère DFL est enfin autorisée à être employée au combat en Libye, contre « l'Afrika Korps ». Dans la nuit du 13 au 14, elle relève une brigade sud-africaine, sur la position d'Halfaya.

Si les Britanniques ont reconquis la Cyrénaïque, ils ne peuvent empêcher que Erwin Rommel ne déclenche, le 2 février, sa contre-attaque foudroyante.

Le Caire, en grave crise, est menacé. La VIIIème armée britannique, du maréchal Bernard Montgomery, en retraite, réussit à se stabiliser sur la ligne Gazala-Bir Hacheim.

La première division française libre (1ère DFL), sous les ordres du général Pierre Koenig (compagnon de la libération le 25 juin 1942), où sert Paul Piétri au sein du 1er RFM, reçoit l'ordre de s'installer à Bir Hacheim, afin d'empêcher la progression allemande vers le delta du Nil.

La deuxième division française libre (2ème DFL), inoccupée en Syrie, doit faire route vers le Caucase, si le commandement n'a pas l'intention de l'utiliser. Cette perspective entraîne sa mise en position de réserve en Egypte.

La nouvelle offensive allemande bouscule les forces de Montgomery, mais Rommel ne peut progresser tant qu'il a la menace de Bir Hacheim sur son flanc sud. Il décide de réduire la position.

Le 26 mai il lance sa puissante offensive en Cyrénaïque, perce le front allié et repousse leurs troupes vers l'Egypte. C'est la première fois, depuis 1940, que les Français sont opposés aux Allemands.

La 1ère DFL est attaquée à Bir Hacheim, d'abord par la division italienne « Ariete », puis par des forces allemandes commandées sur place par Rommel, en personne, car il ne peut continuer d'avancer avec cette menace sur ses arrières.

Lorsque, le 11 juin, les Français libres, à court de ravitaillement et de munitions, évacuent, en pleine nuit de vive force, au travers des champs de mines, la position, ils ont bien rempli leur mission, au-delà de la durée qui leur était assignée.

Des 5500 combattants dans la position, il ne s'en échappe que 4000 de valides. Le combat de Bir Hacheim a un immense retentissement, le prestige de Charles de Gaulle et de la France libre se trouve porté à un haut niveau.

Il n'est pas exagéré de prétendre que les Allemands auraient atteint Le Caire qui s'apprêtait à les recevoir en libérateurs. La Méditerranée orientale était perdue, ainsi que le Proche-Orient.

Bir Hacheim permettra à Montgomery de se rétablir à El Alamein.

*

Le général Claude Auchinleck, commandant en chef des troupes britanniques, déclare : *« Les Nations unies se doivent d'être remplies d'admiration et de reconnaissance, à l'égard de ces troupes françaises et de leur vaillant général ».*

Tirant les conséquences de son succès à Bir Hacheim et de la nouvelle notoriété de la France libre, le Comité National Français, décide, le 14 juillet 1942, de s'appeler désormais la France combattante, *« la France qui se bat, la vraie France, la seule France ».*

La Grande-Bretagne reconnaît la nouvelle appellation, mais les Etats-Unis continuent d'ignorer cette légitimité, d'un État en devenir, sinon à la nier.

Les Américains ont toujours leur ambassadeur à Vichy, l'amiral William Leahy. Ils se refusent à tout contact avec Charles de Gaulle.

Plus grave, de par la volonté de Franklin Roosevelt, Charles de Gaulle, qui lui est présenté alternativement comme fasciste ou communiste par les exilés français à Washington, Saint John Perse (Alexis Léger, ex-secrétaire du Quai d'Orsay) en tête, est tenu dans l'ignorance des préparatifs anglo-américains de débarquement en Afrique du Nord française.

L'AFRIQUE DU NORD ETAPE CAPITALE DE L'UNITE

« … Cette unité sera, pour ceux qui luttent au côté de la France, pour toutes les nations alliées, pour elles aussi, un réconfort… »

Le 8 novembre 1942 au matin, coup de tonnerre dans les oreilles de Charles de Gaulle. Son chef de cabinet militaire, le colonel Pierre Billotte (compagnon de la libération le 8 novembre 1944), vient lui rendre compte que les Anglo-Américains ont débarqué au Maroc.

Charles de Gaulle, de très mauvaise humeur, car la France libre n'a été ni consultée ni informée, rétorque : *« j'espère bien qu'ils vont les rejeter à la mer, car on ne pénètre pas par effraction, en France »*[5].

Il se reprend rapidement et prononce le jour même une magnifique allocution à la BBC : *« aidez nos alliés ! Joignez-vous à eux sans réserve. La France qui combat vous en adjure. Une seule chose compte ; le salut de la patrie »*.

Les Américains, par l'intermédiaire de Robert Murphy, leur consul général à Alger, ont préparé des conjurations à Alger et au Maroc.

Elles entrent en action le 8 novembre, à l'appel évident pour tout le monde : Robert arrive ! Robert arrive ! Le prénom de Murphy.

A Alger, grâce à l'action du commissaire André Achiary, les conjurés neutralisent les pouvoirs civil et militaire, si bien que le débarquement américain ne rencontre pas de véritable opposition. Ce n'est pas le cas à Oran où il y a de nombreux morts.

---

[5] Du Général Billotte, ministre, au capitaine de vaisseau Flohic.

A Blida le général Joseph de Goislard de Montsabert (compagnon de la libération le 20 novembre 1944) a permis à l'aviation alliée de se poser sur l'aérodrome.

Au Maroc, les Américains se heurtent à une vive résistance, qu'ils doivent briser par la force. La conjuration du général Antoine Béthouart ayant été découverte et neutralisée, Charles Noguès, le résident général mal informé, ayant été assuré par l'amiral François Michelier, commandant la Marine, qu'il n'y avait pas de convoi menaçant à la mer, donne l'ordre de combattre à outrance.

Il se prépare à faire fusiller Béthouard, chef de la conjuration, dont l'ordre de ne pas combattre a été suivi, seulement, à Fédala.

Le port de Casablanca est bombardé, entraînant le naufrage de nombreux bâtiments et la mise hors de combat du cuirassé « Jean Bart ».

Les unités qui sortent du port, le croiseur « Primauguet », les contre-torpilleurs « Fougueux », « Milan » et « Albatros », les torpilleurs « Boulonnais », « Frondeur » et « Brestois », sont coulées ou mises hors de combat par les canons de 406 mm du cuirassé « Massachussetts ». Quelque 1200 marins sont tués.

Le général Henri Giraud, ex-prisonnier évadé de la forteresse de Koenigstein, passé par Vichy, où il a assuré le maréchal Pétain de sa fidélité, exfiltré de France par un sous-marin britannique venu le prendre dans les calanques de Cassis, est à Gibraltar.

Il lui a été plus ou moins promis qu'il serait le commandant en chef des armées alliées d'Afrique du Nord.

Depuis le 5, Darlan est secrètement à Alger. On dira officiellement qu'il était venu voir son fils gravement malade, hospitalisé pour poliomyélite. En réalité, il est au courant, par un renseignement venu du Portugal, qu'il y aura sous peu un débarquement anglo-américain en Afrique du Nord.

Sa présence complique singulièrement la situation, étant donné qu'il est le dauphin du maréchal et commandant en chef des forces armées.

Giraud arrive le 9 et partage avec Darlan les responsabilités : à Darlan le politique, à Giraud le militaire.

Darlan qui négocie avec les Américains, prend finalement le pouvoir, au nom du maréchal, en dépit de sa destitution, arguant que ce dernier n'est plus libre de son action (les Allemands ont envahi la zone libre le 11 novembre).

Le 13 novembre, il se nomme commandant en chef des forces armées et prend le titre de haut commissaire. Charles Noguès au Maroc et Pierre Boisson à Dakar se rallient à lui, son pouvoir s'en trouve renforcé et solidement établi.

La perspective de voir Darlan entrer en vainqueur en France, dans les bagages des Américains, est intolérable à beaucoup.

Charles de Gaulle proteste vigoureusement auprès de Churchill et de Roosevelt. Les accords signés avec Darlan répugnent aux opinions anglaises et américaines qui le font savoir, ce qui amène Roosevelt à se justifier publiquement : *« l'accord provisoire qui a été conclu n'est qu'un expédient temporaire »*.

A Londres, Anthony Eden rappelle à Winston Churchill qu'il ne peut aveuglément suivre Franklin Roosevelt dans sa manière de traiter Charles de Gaulle, que ce dernier a le soutien de la famille royale et de l'opinion publique, s'il persistait, son gouvernement n'y résisterait pas.

De France, Jean Moulin (compagnon de la libération le 17 octobre 1942), au nom des réseaux de résistance, adresse un télégramme à Londres, *« demandant instamment que l'Afrique du Nord libérée soit remise entre les mains du général de Gaulle »*.

A Alger, Darlan n'en continue pas moins à gouverner au nom du maréchal, appliquant les lois d'exception de Vichy, poursuivant les résistants qui ont permis l'implantation américaine. Cependant sa position se détériore de jour en jour. Chaque jour des complots contre sa personne se font et se défont.

Un groupe de jeunes, en formation commando au cap Matifou, décide de l'éliminer. Le sort désigne Fernand Bonnier de la Chapelle. Le 24 décembre, il tire sur Darlan qui ne peut être sauvé.

Bonnier, condamné à mort au cours d'un procès expéditif qui ne permet pas d'identifier les commanditaires de son acte (c'était l'objectif), est aussitôt fusillé, sans que son père, présent à Alger, ait appris l'arrestation de son fils, sa condamnation à mort et sa mort !

Giraud est aussitôt nommé commandant civil et militaire en Afrique du Nord.

Le lendemain 25, Charles de Gaulle, de Londres, propose de le rencontrer *« au plus tôt, en territoire français, afin de discuter de la formation d'un pouvoir central provisoire »*.

Le 27, Charles de Gaulle devait gagner Accra, où l'attendait l'avion personnel de Roosevelt qui l'avait invité, le 20 décembre, à venir à Washington.

La mort de Darlan ayant modifié les plans américains, l'invitation de Roosevelt fut annulée.

Charles de Gaulle avait demandé à Catroux, au Proche-Orient, de l'accompagner, dans son voyage et lui avait donné rendez-vous à Accra, mais Catroux n'avait pas été informé de cette annulation.

Arrivant à destination, il le fut par le fils naturel de Maxime Gorki, le général Zinovi Pechkoff (de son vrai nom Yeshua Zalman Sverdlov), « le manchot magnifique », diplomate français d'origine russe, représentant la France combattante sur place[6].

Cette invitation et le voyage programmé suffisent à laver Charles de Gaulle des accusations faites contre lui, comme étant l'instigateur et l'organisateur de l'assassinat de Darlan.

Le général Billotte a témoigné que le moindre politicien de bas étage n'aurait pas commis une faute aussi colossale.

La mort de Darlan a eu des conséquences néfastes, immédiates, sur les rapports de la France combattante et des Etats-Unis, et même plus tard, dans la préparation du débarquement en Normandie, le 6 juin 1944, d'où le Gouvernement provisoire sera tenu plus ou moins à l'écart.

En réponse au débarquement anglo-américain, les Allemands envahissent la zone libre et commencent à investir la Tunisie. Le 9, une centaine de leurs avions atterrit à El Aouina, l'aérodrome de Tunis, sans rencontrer d'opposition des troupes françaises qui sont interdites d'opération contre eux, par Vichy.

Ce sont quelque 140 000 Allemands et 30 000 Italiens qui viennent renforcer les troupes de Rommel lorsque, en retraite de Libye, elles pénètrent dans le pays.

---

[6] De l'ambassadeur Étienne Burin des Roziers, alors lieutenant aide de camp du général Georges Catroux, à François Flohic.

Au début de 1943, les forces italo-allemandes sont solidement implantées en Tunisie. Les forces françaises sur place et d'autres venues d'Algérie ont commencé de les combattre, renforcées par des unités américaines.

Vers la Tunisie, convergent la VIIIème armée de Montgomery qui comprend la 1ère DFL, la 2ème division française libre (2ème DFL) et la colonne Leclerc, à laquelle Charles de Gaulle a donné ordre, le 28 novembre 1942, de conquérir le Fezzan et de gagner le littoral méditerranéen.

Le 13 janvier, Leclerc fait sa jonction avec la VIIIème armée. Lui aussi combattra en Tunisie.

Ce n'est que le 4 février 1943 que la VIIIème armée britannique entrera en Tunisie, pour prendre part aux combats. Combats longs, difficiles qui entraînent la défaite désastreuse des Italo-Allemands qui abandonneront 240 000 prisonniers.

Désormais, le « Maghreb » (couchant) et le « Machreq » (Levant) sont aux mains des alliés. La France libre y a engagé toutes ses unités. Par sa résistance héroïque à Bir Hacheim, elle a acquis un prestige avec lequel les Anglo-Américains doivent compter, car il renforce la main de Charles de Gaulle, dans ses négociations avec eux.

L'année 1943 s'ouvre par la conférence anglo-américaine de Casablanca (à Anfa au Maroc). Giraud, sur place, y sera naturellement présent.

Les Soviétiques ont décliné l'invitation de leurs alliés. Roosevelt et Churchill, entourés de leurs états-majors et conseillers, doivent mettre au point la stratégie future de leur alliance et fixer les objectifs immédiats à leurs forces, ce qui nécessite aussi de régler la situation en Afrique du Nord, selon leurs vœux.

La consultation de Charles de Gaulle et d'Henri Giraud est nécessaire. Charles de Gaulle, invité par Winston Churchill à s'y rendre, manifeste d'abord sa mauvaise humeur d'être convié par les Anglo-Américains, dans un territoire sous souveraineté française, lui qui, le 2 janvier de Londres, a demandé à Giraud de le rencontrer en terre française.

Finalement, le 22 janvier, il se résigne à se rendre à la conférence, après avoir pris l'avis du Comité National Français.

Il arrive à Anfa, dans la banlieue de Casablanca, rencontre Giraud, découvre la combinaison montée par Churchill et Roosevelt.

Les alliés avaient préparé le protocole d'un triumvirat pour l'Afrique du Nord, dont il serait partie, avec les généraux Henri Giraud et Alphonse Georges, au sein d'un comité unifié, responsable de gouverner l'Afrique du Nord occidentale.

Giraud y exercerait le commandement militaire suprême, y compris sur les forces de la France combattante. Cette combinaison entraînerait la fusion des forces françaises combattantes avec les forces d'Afrique du Nord.

Charles de Gaulle, naturellement, rejette les propositions qui lui sont faites, où la France libre ne ferait pas le poids.

Tout en convenant d'une liaison avec Giraud, il regagne Londres le 26.

C'est un acte d'une audace inouïe, mais calculée, car il subodore qu'il aura bientôt le soutien de la résistance intérieure.

Jamais Charles De Gaulle ne fut si inflexible aux propositions de ces deux chefs d'État, alors que son sort dépendait d'eux. L'indépendance de la France était menacée par l'immixtion intolérable de deux États, fussent-ils amicaux, dans les affaires intérieures du pays.

Il importe en effet qu'un accord soit trouvé au plus tôt, avec le général Giraud, pour gouverner l'Afrique du Nord et préparer le retour de la France dans la guerre et la libération de son territoire.

Le 10 mars, Charles de Gaulle charge le général Catroux d'une mission à Alger, pour préparer cet accord. Le 1er avril, il pourra y envoyer une mission, présidée par Catroux.

Giraud continue de traîner les pieds au sujet des décisions à prendre conjointement. Est-ce la présence de Catroux qui fait évoluer Giraud ? Toujours est-il que le 27 avril, il tient à informer Charles de Gaulle *« qu'il renonce désormais à l'autorité suprême en Afrique du Nord »*, mais ne parle pas de la nécessité de créer un organisme gouvernemental cohérent.

En France aussi les choses évoluent. Le 15 mai, Jean Moulin rend compte à Londres du succès de sa mission en France : le Conseil national de la Résistance reconnaît Charles de Gaulle comme son seul chef.

Le 17, soit deux jours après, seulement, Henri Giraud en tire les conséquences. Conscient de l'importance de cette reconnaissance, il demande à Charles de Gaulle *« de venir immédiatement à Alger, pour former, avec lui, le pouvoir central français »*.

Le 30 mai 1943, Charles de Gaulle est à Alger. Le 2 juin, le comité français de libération nationale est créé par décret, il le copréside avec Giraud.

Toutes les forces sont versées à la France combattante, leur commandement est organisé en conséquence. Ainsi naît le socle sur lequel un nouvel Etat va pouvoir prospérer.

A la mort de Darlan, Giraud s'était trouvé investi de tous les pouvoirs en Afrique du Nord, comme commandant civil et militaire. En grand chef militaire qu'il est, sa première préoccupation a été la renaissance de l'armée française.

A la conférence d'Anfa, il a conclu un accord avec Roosevelt par lequel les Américains lui fourniront les armes modernes pour équiper autant d'unités qu'il pourra mettre sur pied. Il estime, et le dit à Charles de Gaulle, pouvoir disposer d'une douzaine de divisions dans les six mois de temps.

Ce qu'il ne dit pas à son interlocuteur, c'est qu'il a, en contrepartie, accepté que les Américains puissent en disposer librement, selon leurs stratégies et leurs besoins. Les Américains sont bien heureux de cette clause qui leur permettra une sérieuse économie d'hommes, suivant les circonstances.

Le 2 juillet, Giraud se rend à Washington pour régler les modalités de livraison des armes.

Les forces disponibles en Afrique du Nord, armée d'Afrique, colonne Leclerc, 1ère DFL, sont rééquipées en matériel américain, leur commandement réorganisé.

La Tunisie nettoyée, l'attention des Anglo-Américains se porte naturellement sur la Sicile. Leurs troupes y débarquent le 10 juillet 1943. La grande île est rapidement conquise. Le 19 août, elle est entièrement aux mains des alliés.

Le 31 juillet, Charles de Gaulle présidera seul les séances du Comité, Henri Giraud, nommé au commandement en chef des forces françaises, conserve le titre de président du comité, sans en exercer les fonctions.

Avec les éléments politiques sur place et les personnalités venues de France par l'Espagne, le Comité de

Libération décide par ordonnance, le 17 septembre 1943, la création de l'Assemblée Consultative Provisoire, ce qui est un pas important vers le rétablissement de la légalité républicaine.

Le prochain bond doit amener les alliés en Italie. Les 3 et 4 novembre 1943, les forces anglo-américaines débarquent dans la région de Naples. Il convenu entre-elles que la VIIIème armée britannique remontera le long de la côte adriatique et les troupes américaines le long de la tyrrhénienne.

La participation des forces françaises, en pleine réorganisation, n'est pas envisagée. Cependant, le Comité de Libération, présidé par le seul Charles de Gaulle, presse vigoureusement la préparation du corps expéditionnaire français CEF qu'il voudrait engager en Italie, ce qui nécessitera d'être négocié.

Le général Walter Bedell Smith propose aux Français d'occuper la Corse et la Sardaigne, puis de participer aux opérations en Italie, avec un corps d'armée à deux divisions et des divisions supplémentaires, en vue d'une action ultérieure sur la France méridionale.

Giraud, ayant décidé seul l'opération réussie de libération de la Corse, sans en référer au Comité, se voit limité au commandement des forces armées.

En conséquence, Charles de Gaulle devient seul président du Comité de Libération, en raison de la prépondérance du pouvoir politique sur les forces armées.

*

A Alger, l'effort a été fait, par le Comité de Libération Nationale, d'armer au plus vite les forces destinées au CEF qu'il a décidé d'engager en Italie, constitué par la fusion de l'armée d'Afrique et des Français libres qui restent jaloux de leurs prérogatives.

Placé sous le commandement du général d'armée Alphonse Juin, le CEF est composé de la division d'infanterie marocaine (2ème DIM), du général André Dody, de la 3ème division d'infanterie algérienne (3ème DIA), du général Joseph de Goislard de Montsabert, de la 4ème division marocaine de montagne (4ème DMM), du général François Sevez, et des groupes de tabors marocains (GTM), du général Augustin Guillaume.

La 1ère division de marche d'infanterie (DMI), du général Diégo Brosset, tient à garder son nom prestigieux de 1ère DFL.

Le CEF n'est plus seulement, comme à Bir Hacheim, la vaillante cohorte des Français libres au combat, ce sont les armes de la France renaissante.

L'année 1943 se termine par la mise en ordre de marche d'un Etat qui se proclamera Gouvernement Provisoire de la République Française, le 3 juin de l'année suivante. Reste à réaliser l'union nationale par l'engagement des forces françaises au combat.

CHAPITRE TROISIÈME

Le triomphe

LE CORPS EXPEDITIONNAIRE FRANÇAIS EN ITALIE

« … Nous aurons fort à faire, nous Français, pour retrouver notre place de première armée du monde. Cette place, nous la retrouverons morceau par morceau, piton par piton… »

En ce terrible hiver 1943-1944, des combats très durs vont se dérouler, dans le froid, la neige et la boue, en Italie, où le CEF ne compte encore que deux divisions : la 2ème DIM et la 3ème DIA, soit 65 000 hommes.

Les Allemands sont solidement retranchés sur un dispositif de défense, couvrant toute la largeur de la péninsule, utilisant les sommets des Apennins comme un rempart, sur des lignes échelonnées du sud au nord : « Bernard », « Gustav » et « Hitler ».

Face aux 25 divisions allemandes du maréchal Albert Kesselring, les alliés opposent le 15ème groupe d'armées, sous les ordres du général anglais Sir Harold Alexander, composé de la VIIIème armée britannique et la Vème armée des Etats-Unis (US), commandée par le général Mark Wayne Clark, à laquelle est rattaché le CEF.

A son arrivée à Naples, le 25 novembre 1943, Juin n'a trouvé personne pour l'accueillir, tant est grande la défiance des alliés vis-à-vis de l'armée française, vaincue en 1940.

Dès le lendemain, il a obtenu de Clark que la 2ème DIM remplace la 34ème division US qui a tenté sans succès de s'emparer d'une position avancée de la ligne « Gustav », un sommet coiffé de quatre pitons, le Pantano.

En trois jours, les 15, 16 et 17 décembre 1943, les soldats de la 2ème DIM vont s'emparer du Pantano, culminant à 1100 mètres d'altitude.

Les Américains ont été stupéfaits.

Cette victoire, suivie de celle de la Mainarde (1478 mètres d'altitude) les 26 et 27 décembre 1943, a fait remonter la cote des Français aux yeux des alliés.

Les conséquences en sont immédiates : dès le 3 janvier 1944, Alexander accepte que la 2ème DIM, qui a déjà repris le combat, forme, avec la 3ème DIA qui vient d'arriver, un corps d'armée autonome, sous les ordres de Juin.

Mardi vingt-cinq janvier 1944, avant que l'aube ne pointe, déchirant le silence de la nuit, du fond du vallon de l'Inferno, jaillit le tonnerre des 72 tubes du 67ème Régiment d'Artillerie d'Afrique (67ème RAA).

Dans les plis de son étendard est brodée en lettres d'or cette inscription glorieuse : Verdun 1917.

Le 67ème RAA, équipé d'obusiers de 105, tirant à la verticale, va pilonner, pendant 20 minutes, la cote 470 du mont Cifalco, à partir de la cuvette de Ceretto.

Pour installer leurs pièces au bout du vallon de l'Inferno, au nom prédestiné, les artilleurs français ont dû emprunter la terrible « route de la mort » qui serpente, au-dessus d'à-pics vertigineux, entre les villages d'Acquafondata et de San Elia.

Trois groupes d'artillerie se sont aventurés en pleine nuit, sans phare, sur les terrifiants lacets d'une route de montagne étroite, verglacée, dépourvue de parapet, avec des virages en épingle à cheveux, impossibles à négocier pour les tracteurs, sans décrocher les canons à chaque virage.

La 3ème DIA, la « division aux trois croissants », est l'héritière de la division de Constantine qui s'est illustrée pendant la bataille de Tunisie.

Elle est composée de trois unités d'infanterie, le 4ème régiment de tirailleurs tunisiens (4ème RTT), les 3ème et 7ème régiments de tirailleurs algériens (3ème RTA, 7ème RTA), d'un détachement de blindés, le 3ème régiment de spahis algériens (3 RSA) et le 7ème régiment de chasseurs d'Afrique (7ème RTA), d'un régiment d'artillerie divisionnaire, le 67ème RAA, et du 3ème bataillon médical (3ème BM).

Au prix de très lourdes pertes (100 hommes par jour), les victoires de la 3ème DIA en Italie, du 12 au 15 janvier, portent à jamais les noms pittoresques de villages perchés sur des pitons, conquis contre une résistance ennemie terrible : Madonna di Radito (626 mètres), Faullo (642 mètres), Raino (1000 mètres), Molino (1028 mètres), Ferro (1080 mètres), Monna Acquafondata (1325 mètres), Passero (1338 mètres), Monna Casale (1395 mètres).

Montsabert, *« dont le canon ne se taisait jamais »*, a pu installer, dès le 15 janvier, son observatoire sur la route de San Elia.

Dans ce cirque montagneux, se trouve, à l'est, la plaine du fleuve Rapido, prolongée vers le nord par la plaine du Rio Secco, couverte d'oliviers, l'Olivella.

La vallée du Rapido est dominée, au sud sur sa rive droite, par une paroi abrupte d'où l'abbaye du mont Cassin (435 mètres) surplombe la ville de Cassino, centre de la ligne « Gustav ».

Les alliés ont cherché à ouvrir la route de Rome, par une attaque directe sur le Mont Cassin mais, malgré des pertes importantes, les Américains ne sont pas parvenus à enfoncer ce verrou.

Le 20 janvier, la 36ème division américaine du Texas s'est lancée à l'assaut de Cassino.

L'attaque s'est transformée en carnage pour les Américains qui ont essuyé un échec cuisant, face à deux divisions allemandes.

De plus, les Anglo-Américains, qui ont débarqué à Anzio le 21 janvier, ne peuvent exploiter leur tête de pont, pris de vitesse par la réaction des Allemands, déterminés à empêcher toute percée sur Rome.

Pourtant, loin de renoncer à leur objectif prioritaire, les alliés souhaitent relancer une attaque directe sur Cassino.

Le 22 janvier, Clark demande à Juin d'appuyer son action, en attaquant le Belvédère, tandis que la 34ème division d'infanterie US attaquera Cassino.

Le Belvédère fait partie du relief montagneux, chaotique et sauvage des Abruzzes italiennes.

C'est un plateau de 400 mètres d'altitude, sur lequel sont posés des pitons rocheux, cotés 681, 700, 721, 862, 875 et 915 mètres.

Il est couvert des fortifications de la ligne « Gustav » : fossés anti-chars, emplacements de mitrailleuses et de mortiers, casemates en béton disposées en quinconce.

Le CEF n'a hérité que d'un plan de diversion, consistant à s'emparer des montagnes du Belvédère qui flanquent la position centrale de Cassino.

Mais l'honneur de la France est en jeu !

Il a fallu, en deux jours, suspendre les actions amorcées par le CEF et ramener, en une nuit, toute l'artillerie d'appui de la 3ème DIA, tandis que les fantassins exécutaient une marche forcée de 24 heures, pour parvenir sur la zone de combat.

C'est le 4ème RTT, composé de cadres français et de soldats tunisiens, qui va accomplir l'attaque principale.

Son drapeau arbore la fourragère rouge, aux couleurs de la légion d'honneur.

Il est articulé en trois bataillons, dont le glorieux 3ème bataillon du commandant Paul Gandöet, qui va entrer dans la légende.

La cote 470 est une sorte de promontoire qui domine la vallée, en face du Belvédère.

Les Allemands y ont entassé des moyens de feu considérables qui rendent illusoire la poursuite de l'opération, s'ils ne sont pas, préalablement, réduits au silence.

Sans attendre, il conviendra que le reste du 3ème bataillon enlève les cotes 681 et 862, pendant que le 2ème bataillon se rendra maître de la cote 721.

La 9ème compagnie du 3ème bataillon du 4ème RTT s'est rassemblée dans les ténèbres, à 4 heures 30 du matin. Les mulets, prévus pour le transport des vivres et des munitions, ne sont pas là.

Gandöet décide néanmoins de lancer sa troupe, à l'heure prévue.

Les réserves de cartouches et de grenades sont réparties entre les hommes, on fait l'impasse sur l'eau et la nourriture.

Six heures du matin, la cote 470, écrasée par les obus français, fume comme un volcan.

Au-dessus d'elle, des vapeurs de fumée flottent dans l'air froid.

La préparation d'artillerie reporte brutalement ses batteries sur l'Olivella.

Quatre escadrilles d'avions maraudeurs, frappés de la croix de Lorraine, apparaissent, en file indienne à basse altitude. Les bombes, larguées en chapelets, tombent sur les cotes 681 et 862 du Belvédère.

Six heures trente du matin.

L'arrêt des tirs d'artillerie laisse place à un long silence qui constitue le signal de l'assaut.

La 9ème compagnie démarre en tête, pour l'action préliminaire. Il faut descendre en pleine nuit, de plusieurs centaines de mètres, sans voir le sol sous ses pas, puis se ruer à l'attaque, en gravissant la pente.

Défense absolue de s'occuper des blessés, tant que l'objectif n'est pas atteint. Les tirailleurs courent par petits groupes, pour prendre les ouvrages allemands à la grenade, puis tuer l'ennemi à la baïonnette. La défense est acharnée.

Sept heures trente du matin. A son tour, la 11ème compagnie du 3ème bataillon du 4ème RTT franchit un réseau de barbelés et traverse les eaux boueuses et glacées du Rio Secco.

Les différentes sections s'élancent en file indienne dans le « ravin Gandöet », faille étroite et pentue, s'élevant jusqu'à la cote 681, identifiée la veille par le commandant du 3ème bataillon. L'escalade, véritable exercice d'alpinisme, va durer 5 heures.

Malgré les morts, les tirailleurs continuent leur progression. Mais le calvaire de la 9ème compagnie commence. Réduite à la moitié de ses effectifs, elle lance pourtant l'assaut final de la cote 470.

Le lieutenant El Hadi Ben Kaceur, qui a en pris le commandement, après que son capitaine s'est effondré, s'est levé. Il bondit vers le sommet, révolver au poing. Un éclat lui enlève l'avant-bras.

Il ruisselle de sang, mais continue à exhorter ses tirailleurs en français et en arabe. Ben Kaceur fait partie de la noble caste des fils de grands caïds qui se battent pour la France. A peine arrivé au sommet, il s'écroule la poitrine criblée de balles.

Le tirailleur qui l'accompagne exécute son dernier ordre : tirer une fusée rouge annonçant la prise de la cote 470. Alors, dans un effort surhumain, Ben Kaceur réussit à se redresser et à lancer un dernier cri : *« Vive la France »*[7].

Il est dix heures trente du matin.

A plusieurs reprises, les Allemands vont lancer de violentes contre-attaques. La 10ème compagnie va être envoyée en secours de la 9ème, dont les hommes résistent héroïquement, mais sont peu à peu décimés. Il ne reste que 18 survivants, sans encadrement.

Gandöet, miraculeusement indemne, après qu'un obus est tombé sur son poste de commandement, détruisant sa radio, intervient, pour les conjurer de tenir le plus longtemps possible.

---

[7] Chambe R. Le bataillon du Belvédère.

Il y parvient avant la nuit, après une ultime charge, baïonnette au canon.

Le 2ème bataillon du 4ème RTT a traversé le Rio Secco, en aval de l'Olivella. La 7ème compagnie est passée en tête, ses hommes empruntent les pentes sud du Belvédère.

La cote 700 est conquise à la tombée de la nuit. La 6ème compagnie progresse elle aussi, sur la pente sud, vers la cote 721 qui est prise avec succès.

A la fin de cette terrible journée du 25 janvier, le 1er bataillon du 4ème RTT, resté en réserve, reçoit l'ordre de traverser le Rio Secco, de défendre la position de l'Olivella, puis de grimper les pentes du Belvédère, afin de renforcer les offensives des 2ème et 3ème bataillons.

Le 1er bataillon du 4ème RTT nettoie l'Olivella et interdit à l'ennemi d'opérer dans le dos des unités qui sont dans la montagne.

Puis les hommes entreprennent une escalade de nuit, à la boussole, sur un sentier conduisant à la cote 382.

Ils traversent le Rio Secco en eau profonde, ils sont trempés et frigorifiés. On n'y voit pas à plus de deux mètres. Il faut marcher, en file indienne, en tenant le blouson du tirailleur qui vous précède.

Tous les 50 mètres on doit faire une pause, tant l'ascension est pénible. A 23 heures 10, le sommet de la cote 382 est atteint.

Dans les jours qui vont suivre, les combats pour la prise des pitons du Belvédère atteindront des sommets de bravoure, comparables à ceux de la bataille de Verdun en 1917.

La cote 700 sera prise quatre fois, la cote 771 trois fois. La cote 915 sera conquise deux fois par les Français et contre-attaquée à quatre reprises par les Allemands. La cote 862 deux fois aux mains des Français sera contre-attaquée douze fois par les Allemands, sans qu'ils réussissent à la reprendre.

Mais le CEF n'a pas les réserves suffisantes pour exploiter son succès sur le Belvédère, tandis que les alliés échouent à nouveau devant le mont Cassin.

De février à mars 1944, les troupes du CEF se maintiennent sur les positions conquises les semaines précédentes.

La bataille du Belvédère, qui s'est déroulée du 25 janvier au 4 février, a permis à la 3ème DIA de percer la ligne « Gustav », de capturer 1200 prisonniers allemands et de mettre hors de combat une division allemande.

Il a fallu l'extraordinaire bravoure des jeunes officiers français qui ont été décimés, pour entraîner les tirailleurs. Il n'y avait qu'une seule possibilité pour décider les hommes à sortir de leurs trous, pour les encourager à se mettre debout et à avancer sous les balles : l'exemple.

Pour la 3ème DIA les pertes atteignent 2491 hommes. La conduite héroïque du 4ème RTT a coûté à ce régiment les deux tiers de ses effectifs engagés. Trois quarts des cadres ont été tués ou blessés. Le 2ème bataillon a été anéanti, certaines compagnies ont perdu la quasi-totalité de leurs effectifs.

L'artillerie a joué un rôle déterminant dans la bataille du Belvédère, permettant aux tirailleurs, par des tirs extrêmement précis, de résister aux contre-attaques allemandes.

Le nombre important de morts et de blessés au 67ème RAA en témoigne : le 8 février, au cours d'un bombardement ennemi, c'est son colonel, Yan Radiguet de La Bastaie, qui est grièvement blessé à la tête, tandis qu'un chef d'escadron est tué et deux autres blessés.

C'est sous ses ordres, dans le 4ème groupe du 67ème RAA, que sert le lieutenant Marcel Michel, qui sera grièvement blessé, lui aussi, et recevra l'extrême onction.

Samedi 4 mars 1944, quarante jours à peine après le début de la bataille du Belvédère. Charles de Gaulle a saisi l'importance de cette victoire. Il quitte Alger pour Naples, accompagné du ministre de la Guerre André Diethelm.

A sa descente d'avion, il est accueilli par le vainqueur de la campagne d'hiver du CEF, Alphonse Juin.

Charles de Gaulle vient prendre une revanche éclatante sur les alliés qui, à la conférence de Téhéran en 1943, n'avaient pas convié la France.

Ce fut plus qu'un manque de courtoisie, une faute : *« Après Keren, Kouffra, Bir Hacheim, le Fezzan et la Tunisie, la gloire de nos troupes d'Italie rendait sa chance à la France ».*

Il s'entretient avec les généraux Harold Alexander, Mark Wayne Clark et le polonais Wladyslaw Anders, puis se rend au poste de commandement de Juin à Venafro.

La 4ème DMM, intégrée au CEF, relève la 3ème DIA. Juin suggère d'engager une quatrième division en Italie : ce sera la 1ere DFL qui arrivera le 20 avril, avec Paul Piétri dans ses rangs.

Le lendemain, 5 mars, Charles de Gaulle inspecte les deux divisions françaises engagées sur le front italien et s'entretient avec de Monsabert. Visitant les lignes les plus reculées, il passe en revue plusieurs détachements de soldats français et surtout des tirailleurs nord-africains qu'il décore.

La bataille du Garigliano va être l'épisode décisif de la campagne d'Italie qui ouvre la route sur Rome.

L'attaque débute le 11 mai à 23 heures. La ligne « Gustav » va être rompue, là encore, grâce à la puissance terrifiante des feux de l'artillerie du CEF : 260 000 coups de canon en 48 heures, soit plus de 1000 obus par pièce !

Le 17 mai, Charles de Gaulle revient en Italie, accompagné des généraux Jean de Lattre de Tassigny (compagnon de la libération le 11 novembre 1944) et Antoine Béthouart, pour assister à l'offensive victorieuse des divisions Brosset, Dody, Monsabert et Sevez, sur le front du Garigliano.

Pour bien montrer la place prépondérante prise à la victoire par les troupes françaises, c'est en compagnie de Juin que Clark va faire son entrée dans Rome, le 5 juin.

Au-delà de Rome, les deux divisions françaises, devenues sœurs dans les montagnes du sud de l'Italie, la 1ère DFL et la 3ème DIA, regroupées en seul corps de poursuite, sous le commandement du général Edgard de Larminat (compagnon de la libération le 1er août 1941), découvrent la douce et verdoyante Toscane et foncent vers le Nord, poursuivant les Allemands en retraite.

Le 27 juin, Charles de Gaulle entreprendra un troisième voyage en Italie, au cours duquel il décorera Joseph de Goislard de Montsabert, de la Croix de la Libération et le reconnaîtra *« comme son compagnon, dans l'honneur et pour la victoire »*.

Il tiendra à saluer le génie de celui qui a forcé le Garigliano, mais aussi et surtout les sacrifices de la 3ème DIA, à jamais marquée par la terrible bataille du Belvédère.

Le 29 juin, Charles de Gaulle inspecte le front d'Italie et rencontre les généraux Clark, Alexander et Juin.

Il leur fait part de sa volonté de voir l'ensemble du CEF quitter l'Italie, au plus tard le 25 juillet, pour être transporté en France.

Il constituera l'essentiel de l'armée B, dont il donne le commandement au général de Lattre.

Pourquoi pas Juin, son camarade de promotion que seul il tutoie, qu'il considère comme le meilleur militaire de sa génération, qui a vaillamment conduit les troupes en Italie, en imposant sa stratégie aux alliés ?

C'est probablement parce que Juin a été libéré de son camp de prisonniers par les accords de Darlan à Paris, en 1941 et que son comportement, lors du débarquement anglo-américain en Afrique du Nord, a été attentiste.

Tandis que de Lattre, commandant la 6ème DIM de Montpellier, a été le seul à la mettre en état de combattre, ce qui lui a valu la condamnation de Vichy à 10 ans de prison.

De ce fait, sa personnalité est indiscutable pour l'opinion.

*

L'effort français en Italie touche à sa fin. Après le retrait de CEF de la 1ère DFL, la 3ème DIA, désormais seule, aura l'honneur de prendre Sienne le 2 juillet.

De Montsabert y fait le serment de conduire sa division jusqu'au Mont Sainte-Odile, devant le Rhin, avant de faire ses adieux au CEF.

Pour le CEF il n'est plus question de suivre la stratégie, préconisée par Churchill, d'attaquer l'Europe par son ventre mou, en remontant du Brenner vers l'Autriche.

Les 3 et 4 octobre 1944, à Naples, Charles de Gaulle inspecte l'armée B qu'il a constituée : elle a pour mission de débarquer en France, sous le commandement du général de Lattre.

Sur la plaque de marbre, apposée sur le cimetière militaire français de Venafro, est gravée à jamais cette simple phrase : *« … Sur le sol d'Italie de novembre 1943 à juillet 1944, le CEF, armé sur la terre d'Afrique, a marqué du sang de 7000 des siens la route victorieuse qui l'a conduit de Naples à Sienne, avant son élan pour la libération de la France… »*

LA CAMPAGNE DE FRANCE

> *« … Paris ! Paris outragé ! Paris brisé ! Paris martyrisé ! Mais Paris libéré ! Libéré par lui-même, libéré par son peuple avec le concours des armées de la France… de la France qui se bat, de la seule France, de la vraie France, de la France éternelle… »*

Suite à la libération de la Corse, qu'il a conduite avec brio et organisée, sans que le Comité de Libération ait été au préalable informé, ni consulté, Giraud est contraint de démissionner le 9 novembre 1943 de sa coprésidence du Comité.

Charles de Gaulle est seul président et chef des armées. Il organise la Défense nationale, suivant un schéma classique, en y adjoignant un Conseil de Défense.

Le 27 décembre 1943, il convie à Alger, à une conférence, les Britanniques Henry Maitland Wilson et Harold Mac Millan, l'Américain Walter Bedel Smith, remplaçant Dwight Eisenhower (compagnon de la libération le 28 mai 1945), absent.

La conférence lui est l'occasion de préciser que l'opération « Anvil » (débarquement sur les côtes de Provence) est d'une importance capitale pour la France.

Toutes les forces françaises d'Italie et d'Afrique du Nord devront y être engagées. Charles de Gaulle fait incidemment remarquer que la France a 120 000 hommes en Italie, soit plus du quart des combattants sur place.

Une division, la 2ème DB, devra participer à l'offensive en Normandie. Il conviendra de les regrouper à temps, en vue de leur transport en France.

Elles ne devront pas être engagées après le 25 juillet et en aucun cas franchir l'Arno.

Le 7 janvier 1944, un décret fixe l'ensemble des forces destinées à la bataille de France :

– un commandement d'armée ;

– trois commandements de corps d'armée ;

– six divisions d'infanterie ;

– quatre divisions blindées ;

– aux grandes unités sont adjoints trois groupements de tabors, deux régiments de parachutistes et des commandos ;

– la marine fournira deux régiments blindés de fusiliers marins, un groupe d'artillerie lourde de campagne et des commandos ;

– trente groupes d'aviation seront constitués.

Au total 230 000 hommes de l'armée de campagne, auxquels il faut ajouter les forces des maquis qui se sont beaucoup étoffées, depuis la prescription du service du travail obligatoire (STO).

En mars 1944, il est décidé de les regrouper sous un commandement unique confié à Pierre Koenig qui devient, en avril, commandant des forces françaises de l'intérieur (FFI).

Si le Comité a pris ses dispositions pour la campagne de France, ses rapports avec les alliés, concernant la stratégie à adopter, ne sont toujours pas réglés.

Il continue d'être tenu à l'écart des plans alliés. Suite à l'importante conférence du 27 décembre 1943, le commandement allié informe désormais le Comité de ses plans, recueille ses avis et observations éventuelles.

La 2ème DB est formée au Maroc, sur les bases de la colonne Leclerc, en y incorporant des unités d'Afrique et des fusiliers marins qui serviront les tanks destroyers.

Transportée en Angleterre, elle doit y être armée et débarquer en Normandie, en temps utile, sinon au débarquement initial, du moins pour libérer Paris.

Son commandant est le général Leclerc (Philippe de Hauteclocque), il a reçu de Charles de Gaulle, avec qui il entretient un lien particulier, la mission secrète de libérer la capitale.

Charles de Gaulle conseille à son général de manœuvrer de façon à se placer au sud du dispositif allié, pour se trouver en position de foncer sur Paris, au moment opportun.

Le 2 juin, Charles de Gaulle est invité, par Winston Churchill, à venir à Londres : le débarquement est imminent. Le 4, il est à Londres et le 5, il rencontre Churchill dans son train de campagne.

Le choc entre les deux hommes est plutôt rude.

Charles de Gaulle souligne qu'il est important que l'on organise les rapports de l'administration française et du commandement militaire, que rien n'a été fait, en dépit des propositions du Comité National.

Les troupes qui vont débarquer seront munies d'une monnaie soi-disant française, imprimée aux Etats-Unis.

Le commandant en chef désigné, Eisenhower, s'apprête à prendre la France sous son autorité, comme si le gouvernement provisoire de la République Française n'existait pas.

Se rendant ensuite au quartier général d'Eisenhower, celui-ci fait l'exposé du plan d'ensemble et des préparatifs du débarquement.

Au moment du départ, il présente à Charles de Gaulle le texte dactylographié de la proclamation qu'il compte répandre sur la France. Charles de Gaulle note qu'il invite nos concitoyens *« à exécuter ses ordres »*.

Inadmissible pour Charles de Gaulle qui connaît la menace de l'AMGOT (« Allied Military Government of Occupied Territories »).

Les territoires français libérés seraient ainsi administrés par les Américains, ce qui rendrait la France belligérante comme l'Italie, vaincue.

Pour Charles de Gaulle cela ne peut être. Face au traitement outrageant de la France, il se refuse à parler le 6 juin, après le commandant en chef, car ce serait avaliser ses propos. Il demande à intervenir à son heure, ce qu'il fera le 6 juin, à six heures du soir.

Et c'est la magnifique allocution à la France : *« … La bataille suprême est engagée, bien entendu c'est la bataille de France et c'est la bataille de la France… »*

Le 2ème régiment de chasseurs parachutistes (2ème RCP) du colonel Pierre Bourgoin « le manchot » (compagnon de la libération le 20 novembre 1944), a été le premier à fouler le sol de Bretagne, en renfort du maquis de Saint-Marcel.

Les maquis ont proliféré et, en 1943, ils ont mené des opérations spectaculaires contre l'ennemi, au prix de très lourdes pertes, comme dans le combat des Glières.

Aujourd'hui, le 6 juin, suivant un plan concerté par avance, ils sont chargés de destructions et opérations, ayant pour objet d'empêcher les grandes unités allemandes d'atteindre les côtes normandes et de prendre part au combat.

C'est ainsi que la division « Das Reich » de sinistre mémoire, partie de Montauban, n'arrive à Alençon que le 18 juin, épuisée par les combats qu'elle a dû mener sur sa route.

Le 1er août, la 2ème DB débarque dans le secteur américain d'Utah Beach. Elle est aussitôt engagée pour réduire les forces allemandes enfermées dans la poche de Falaise Argentan.

Malheureusement, Montgomery laisse échapper les grandes unités allemandes que l'on retrouvera plus tard sur la Seine. La stratégie alliée, visant à la franchir en amont et en aval de Paris, en évitant la capitale, n'est pas du tout satisfaisante pour les Français.

Paris s'étant mis en état d'insurrection le 21 août, risque d'être écrasé par les forces allemandes sur place qui disposent de 20 000 hommes, 80 chars, 60 canons et de 60 avions.

Charles de Gaulle est renseigné sur la situation de la capitale. Il y a urgence à envoyer des forces pour éviter le bain de sang et les destructions. Il obtient d'Eisenhower de prescrire à la 2ème DB de foncer sur Paris. Le 24, elle entre dans la ville.

Le 25, Paris est libéré, par la 2ème DB qui a réduit au combat les forces allemandes, ce que la résistance n'aurait pu faire par manque de moyens appropriés, dont des chars et l'artillerie.

Les Américains n'ont pas eu à intervenir dans la libération de Paris, la 2ème DB était suffisante pour l'assurer, le général allemand, Dietrich Von Choltitz, ayant signé sa reddition, sans avoir pu ou osé exécuter l'ordre formel d'Hitler de détruire de fond en comble la ville, comme cela avait été soigneusement préparé.

Le lendemain 26, c'est la descente triomphale des Champs-Elysées et le magnificat à Notre Dame qui consacrent la légitimité populaire de Charles de Gaulle, Roi des Francs.

Presque simultanément, le 15, a eu lieu le débarquement de Provence. L'armée B de Jean de Lattre et les forces américaines progressent rapidement, plus vite que ce qui a été prévu. Le 27 août, le commandement allemand signe la reddition de Toulon et de ses environs.

Le 28, à Marseille, que Monsabert a très tôt investie, le commandement allemand se rend aussi. La voie est ouverte pour la remontée vers le Nord, par la vallée du Rhône.

Au Nord, la 2ème DB a repris sa marche vers l'Est. Le 6 septembre, Charles de Gaulle demande à Eisenhower qu'il soit prévu que les forces françaises participent à l'invasion de l'Allemagne.

Le 12 à Montbard, c'est la jonction des forces françaises de Normandie et de Provence. Un peloton de l'escadron d'Alain Savary (compagnon de la libération le 1er janvier 1945), du 1er RFM de la 1ère DFL, qui sera nommé compagnon de la libération le 1er janvier 1945, rejoint un peloton du 1er régiment de spahis marocains de la 2ème DB.

La liaison est établie à Châtillon-sur-Seine, entre la 2ème DB et l'armée B, le 19. Elles vont poursuivre de concert leur marche vers l'Est.

Ayant franchi les Vosges, en combattant durement, elles ont débouché dans la plaine d'Alsace. Strasbourg et Mulhouse sont aux mains des Français.

Autonome sur le plan tactique, dans le cadre du VIème groupe d'armées US, l'armée B a pris le nom de Ière armée française, le 15 septembre 1944.

Le 11 novembre 1944, à Rougemont, Charles de Gaulle remet au général Jean de Lattre de Tassigny la Croix de la Libération.

Le 23 novembre, la 2ème DB a pris Strasbourg : le serment de Koufra de Leclerc a été tenu.

Mais l'Alsace tout entière n'est pas pour autant nettoyée des soldats allemands, de durs combats seront nécessaires, avant d'y parvenir. Le 16 décembre, les Allemands lancent leur puissante offensive dans les Ardennes, par leurs 5ème et 6ème armées de « panzers », en direction de la mer, comme en 1940.

Elle est appuyée, le 1er janvier 1945, par une attaque également violente, visant à reconquérir la trouée de Saverne. La menace est sérieuse, son succès mettrait en danger toute l'offensive alliée.

Eisenhower prend ses dispositions pour raccourcir son front. Le général américain Alexander Mac Carrell Patch doit évacuer le nord de l'Alsace et Strasbourg.

Jean de Lattre de Tassigny reçoit l'ordre de se replier : Charles de Gaulle, alerté, s'y oppose.

Il est hors de question que la France abandonne Strasbourg et les populations alsaciennes, aux représailles sanglantes et aux destructions que ne manquera pas d'y faire l'ennemi.

Charles de Gaulle ordonne à son commandant de la Ière armée de défendre Strasbourg et avise Dwight Eisenhower : *« quoi qu'il advienne, les Français défendront Strasbourg. »*

*

Le 3 janvier, avec Churchill, il rencontre Eisenhower, à son poste de commandement de Versailles. L'affrontement est très violent. Eisenhower, excipant de sa responsabilité de commandant en chef, menace de couper le ravitaillement de la Ière armée, si elle n'exécute pas ses ordres de repli.

Et moi, dit Charles de Gaulle, *« en tant que chef d'Etat, j'interdirai aux chemins de fer français de transporter du matériel américain. »*

Finalement, Dwight Eisenhower se laisse convaincre par Charles de Gaulle, appuyé par Winston Churchill, d'annuler son ordre de repli.

Le quittant, Charles de Gaulle lui dit *« you are a man »*, ce qui est un grand compliment. Le 16 janvier, l'offensive ennemie des Ardennes est brisée.

Le 9 février, les Allemands se replient à l'Est du Rhin, leur retour offensif est définitivement exclu. La France est presque complètement libérée. La plaine d'Alsace est à nettoyer, les poches de Lorient, Saint-Nazaire, Royan, à réduire, l'ennemi à rejeter à l'Est des crêtes des Alpes.

LA FRANCE REDEVIENT UNE PUISSANCE MONDIALE

« … *En combattant depuis la première et jusqu'à la dernière heure dans le parti de la liberté, la France aura maintenu son droit et proclamé son devoir de participer à l'œuvre commune qui, sans sa présence active, serait d'avance très compromise...* »

Le 10 février 1945 la Ière armée française est au repos pour un mois. Le 12, lors de la conférence de Yalta, entre Winston Churchill, Franklin Roosevelt et Joseph Staline, à laquelle la France n'a pas été invitée, il est entendu qu'elle participera à l'occupation de l'Allemagne.

A l'époque elle a plus de 1 120 000 hommes dans ses armées. Grâce à Churchill, elle aura une zone d'occupation prélevée sur la zone britannique (Sarre, Palatinat, sud de la Rhénanie) et américaine (Bade-Wurtemberg, Vorarlberg et Tyrol).

Le 29 mars, Charles de Gaulle, par télégramme, enjoint à Jean de Lattre de Tassigny de franchir le Rhin et de poursuivre son offensive en Allemagne[8]. Ce que de Lattre fera en maints endroits ; ses opérations sur la rive droite se font en conjonction avec celles des Américains, ce qui n'empêche pas des difficultés entre les armées.

Le 7 avril à Karlsruhe, Jean de Lattre de Tassigny assure Charles de Gaulle de son entier dévouement : *« vous travaillez pour la grandeur de la France, nous travaillons pour vous, pour vous faciliter cette tâche surhumaine. »*

Emouvant témoignage d'un grand soldat à l'ego bien développé, montrant ainsi qu'en reconnaissant plus

---

[8] De Gaulle C. Mémoires de guerre. Le Salut, p 490 : *« Il faut que vous passiez le Rhin… dussiez-vous le passer sur des barques ; il y a là une question du plus haut intérêt national. »*

grand que soi, on se grandit soi-même, dans le service et l'abnégation.

Lorsque, le 21 avril, la Ière armée française s'empare de Stuttgart, une division américaine s'apprête à y entrer et, sur ordre d'Eisenhower, d'y installer un gouvernement militaire.

Charles de Gaulle confirme à Jean de Lattre de Tassigny ses instructions du 21 *« d'y maintenir et d'instituer tout de suite un gouvernement militaire. »*

Le 28, Eisenhower accepte le maintien et l'installation des Français dans la ville. Pour la première fois, la mini-crise franco-américaine est de courte durée.

La Ière armée poursuit son offensive dans le sud du Palatinat, la Forêt Noire, plus ou moins imbriqué dans le dispositif américain. Les armées allemandes n'ont plus beaucoup de ressources ni de ressort.

Le 30 avril, la 2ème DB pénètre en Autriche. Le 4 mai elle reçoit l'ordre de pousser sur Berchtesgaden qu'elle occupe le jour suivant, le 5 mai. Les défenses allemandes sont partout effondrées. Hitler s'est suicidé.

Le 8 mai, à Berlin, de Lattre venu pour signer, pour la France, la capitulation sans condition de l'orgueilleux « Reich » nazi, remarque l'absence des couleurs françaises. Il fait confectionner en hâte un drapeau aux trois couleurs qui est placé entre les drapeaux américain et britannique.

Après une longue discussion, Jean de Lattre de Tassigny obtient du maréchal soviétique Gueorgui Joukov que la France signe l'acte de reddition de l'Allemagne.

La tâche surhumaine, qu'assigne Jean de Lattre de Tassigny à Charles de Gaulle, ne pourra être menée à bien dans l'immédiat. Il a libéré le territoire, rétabli la République, amené la France au Conseil de sécurité de l'Alliance Atlantique, avec droit de veto.

Sur le plan intérieur, il voit renaître les partis qui ont, pour premier objectif, de reprendre leur prééminence. Déjà, durant la guerre, ils avaient bataillé pour entrer, comme tels, dans le Conseil National de la Résistance. Ils avaient aussi envoyé leurs représentants à l'Assemblée Consultative d'Alger.

A l'Assemblée Nationale, Edouard Herriot, député-maire de Lyon, président du vieux parti radical, sonne la charge. Il reproche à Charles de Gaulle de n'avoir pas annulé les décorations données, par Vichy, à ses soldats.

*

En fait d'honneur, Charles de Gaulle fait remarquer qu'il est mieux placé que quiconque pour en parler. Estimant qu'il ne pourra gouverner avec les vieux partis qui ne se sont pas renouvelés, le 20 janvier 1946, il démissionne de la présidence du Gouvernement Provisoire.

Commence alors sa longue traversée du désert, dont il finit par perdre espoir d'en sortir jamais, lorsqu'en 1958, face à la menace de l'armée d'Algérie, le Président de la République, René Coty, fait appel à lui pour former le dernier gouvernement de la 4ème République finissante.

Le 1er juin, son gouvernement obtient l'investiture de l'Assemblée nationale, avec les pleins pouvoirs et reçoit la mission d'élaborer une nouvelle constitution.

En 7 mois, à Matignon, Charles de Gaulle, rapidement redresse la situation financière, fait adopter une nouvelle constitution et s'attaque au dossier algérien, pour lequel il a été appelé, en priorité.

CHAPITRE QUATRIÈME

Le règne

LA GUERRE D'ALGERIE

« ... Je vous ai compris... Je sais ce qui s'est passé ici. Je vois ce que vous avez voulu faire. Je vois que la route que vous avez ouverte en Algérie, c'est celle de la rénovation et de la fraternité... »

La guerre terminée en Europe, le 8 mai 1945, a pour conséquence le grand mouvement d'émancipation des peuples. Ceci est d'autant plus vrai pour les peuples colonisés par la France, qu'elle a perdu son prestige dans la défaite de 1940.

L'Algérie est un cas particulier. Conquise en 1830, elle été a finalement décrétée partie intégrante de la France et divisée en départements. Un million d'Européens domine et gouverne 8 millions d'autochtones, de surcroît musulmans.

Les indigènes sont sujets français, ils ne sont pas citoyens. Certains le deviennent, un très petit nombre, peu à peu.

Le 24 octobre 1870, le rapport Crémieux (du nom d'Adolphe Crémieux) accorde la citoyenneté aux 33 000 israélites d'Algérie, sans contrepartie. Les musulmans considèrent ce décret comme une grande iniquité.

En décembre 1943, Charles de Gaulle, dans son déplacement à Constantine, les 12 et 13, a bien annoncé que les droits des musulmans seraient considérablement élargis. L'ordonnance du 7 mai 1944 n'en revient qu'au projet de loi Blum-Viollette, 8 ans plus tôt.

Le projet de loi Blum-Viollette (1936) fut un projet de Léon Blum, sur les propositions de Maurice Viollette, ancien gouverneur d'Algérie.

Il visait à ce que 20 000 à 25 000 musulmans puissent devenir citoyens français, tout en gardant leur statut personnel, lié à la religion : égalité des Européens et des musulmans, maintien du statut personnel, extension des droits politiques à l'élite musulmane, proportion des musulmans devenus tous électeurs, à deux cinquièmes dans les assemblées locales.

Ce qui aurait pu être suffisant 8 ans plus tôt, ne l'est plus en 1944, d'autant moins que le 30 janvier, à Brazzaville, Charles de Gaulle y a fait sa déclaration : *« … Le devoir national consiste à aider les peuples de l'Empire à s'élever peu à peu jusqu'au niveau où ils seront capables de participer eux-mêmes à la gestion de leurs propres affaires… »*

Les musulmans se sont engagés dans l'armée en pleine rénovation et aux combats du CEF en Italie. Ils l'ont fait vaillamment, sinon héroïquement, sous la conduite d'officiers admirables et qui subirent de très lourdes pertes.

Les musulmans seront récompensés par de nombreuses décorations et distinctions de toutes sortes. Le sergent Ahmed Ben Bella est le porte-drapeau de la division qui défile victorieusement devant Juin, à Rome.

Qu'ils reviennent sur leur terre natale, et ils ne seront plus que des autochtones maintenus dans une condition inférieure.

La révolte à Sétif, le 8 mai 1945, jour de la capitulation allemande, profite du fait que les militaires sont occupés à libérer l'Europe et qu'il n'y a sur place que des policiers pour maintenir l'ordre.

Une manifestation de près de 10 000 personnes, séparée des commémorations officielles, autorisée à condition qu'elle n'ait pas de caractère politique, se forme en cortège à la sortie de la mosquée de la gare.

Les banderoles affichent : *« … Libérez Messali Hadj… », « … Nous voulons être vos égaux », « Istiqual (indépendance) !... »*. Le drapeau algérien est exhibé et le porte-drapeau abattu par la police.

Les manifestants en colère s'en prennent alors aux Français, et font en quelques heures de nombreux morts, dont le maire qui a cherché à s'interposer. Toute la petite Kabylie s'embrase.

Des fermes isolées et des maisons forestières sont attaquées, leurs occupants violés puis assassinés. Il y a de nombreux massacres de Français.

L'armée, qui n'a pas de troupes suffisantes sur place, réprime vigoureusement l'insurrection, par l'armée de l'air, sous les ordres du ministre communiste, ancien résistant, Charles Tillon et par les canons de l'artillerie de la marine.

Dès le 19 mai, Charles de Gaulle nomme le général de gendarmerie Paul Tubert, résistant, membre de l'Assemblée consultative provisoire et de la ligue des droits de l'homme (où siège René Cassin), pour enquêter sur les évènements. Ce dernier remet un rapport officiel.

La répression prend fin officiellement le 22 mai. Le 26 mai, c'en est fini dans le Constantinois, mais des incidents plus ou moins graves se poursuivent dans toute l'Algérie.

Officiellement, il y a plus de 100 morts européens, essentiellement dans la région de Sétif et plus de 1000 morts du côté musulman. Mais ce chiffre fait toujours polémique.

La vengeance et la haine se sont déchaînées sur tout le territoire, faisant de nombreuses victimes innocentes dans les deux camps. La France, en Algérie, a conservé la paix pour dix ans, mais à quel prix !

Après cette brusque poussée de ce qu'il convient d'appeler une insurrection, le calme règne plus ou moins quand, le 1er novembre 1954, les époux Guy et Jacqueline Monnerot, instituteurs en Algérie depuis un mois, sont assassinés : c'est le fait que retient l'opinion publique européenne.

La grande réalité qu'elle ignore est le manifeste adressé au peuple algérien par ceux qui se sont constitués en Front de Libération Nationale (FLN). Leur but proclamé est simple : *«... Indépendance nationale pour la restauration de l'État algérien, souveraineté démocratique et sociale, dans le cadre des principes islamistes... ».*

Le 1er novembre, à l'Assemblée Nationale, Pierre Mendes-France, revenant sur les faits et la situation en Algérie, déclare : *« ... On ne transige pas lorsqu'il s'agit de défendre la paix de la nation, l'unité, l'intégrité de la République française... ».*

Son analyse est volontairement imparfaite, nécessité d'investiture oblige ! Son ministre de l'Intérieur, François Mitterrand, renchérit : *« ... je n'admets pas de négociation avec les ennemis de la Patrie, la seule négociation c'est la guerre... ».*

C'est la guerre, dans laquelle la France métropolitaine enverra bientôt son contingent, sans jamais pouvoir éteindre la rébellion.

Le 6 février 1956, le nouveau Président du Conseil socialiste, Guy Mollet, qui connaît mal l'Algérie, se rend à Alger pour s'informer de la situation. Il est reçu par une grande foule, au plateau des Glières et renvoyé à Paris, sous les jets de tomates et les huées.

Alger, une fois de plus, a fait reculer Paris. Ce coup d'éclat, elle pensera toujours pouvoir le refaire, jusqu'à sa défaite finale, dans la folie meurtrière de l'Organisation de l'Armée Secrète (OAS), quatre ans plus tard.

Nonobstant l'emploi intensif du contingent, la guerre s'étend partout. Toutefois, en 1958, la puissance de l'armée de libération algérienne diminue, du fait de l'installation de barrages de barbelés sur les frontières marocaine et tunisienne. Sur cette dernière, le barrage électrifié est contrôlé par radar et par l'artillerie.

*

L'armée du FLN, bien installée en Tunisie, ne pourra jamais le franchir de force et les tentatives entraînent de nombreux morts dans ses rangs.

Cependant, l'opinion publique métropolitaine est fatiguée par une guerre dont elle ne voit pas la fin, dans laquelle des gouvernements successifs se sont déconsidérés, tandis qu'à Alger la population européenne et l'armée se raidissent pour garder l'Algérie française à la France, chacune selon sa propre modalité.

Alger s'enflamme, Paris a la fièvre. Le 13 mai 1958, la foule algérienne se rassemble en masse au forum. Raoul

Salan, le commandant en chef, reçoit du président intérimaire, Félix Gaillard, l'autorisation de *« … Prendre toutes les mesures pour le maintien de l'ordre, la protection des personnes et des biens jusqu'à nouvel ordre… »* Ce que l'armée considère comme un blanc seing à ses méthodes.

Le 15 mai, devant la foule, Salan s'écrie : *« Vive de Gaulle ! »*. Ce cri ramène Charles de Gaulle aux affaires de la République qu'il a quittées il y a 12 ans. A partir de cet instant, l'armée considère qu'il lui doit son retour, qu'il doit impérativement poursuivre sa politique d'Algérie française.

Ce malentendu persistera jusqu'à la fin du conflit et au-delà même, de nombreux officiers ne lui ayant toujours pas pardonné de les avoir trahis en amenant l'Algérie à l'indépendance.

VERS L'AUTODETERMINATION DU PEUPLE ALGERIEN

> « … *Devant la France, un problème difficile et sanglant reste posé : celui de l'Algérie. Il nous faut le résoudre… Nous le ferons comme une grande nation et par la seule voie qui vaille… par le libre choix que les Algériens eux-mêmes voudront faire de leur avenir…* »

Charles de Gaulle est bien résolu à mener l'affaire à son terme mais, mesurant la charge passionnelle de l'opération, il est contraint d'avancer prudemment, sinon masqué. Une chose est certaine, il n'acceptera jamais que l'armée française soit battue sur le terrain, comme à Den Bien Fu, en Indochine.

Jamais l'armée, sous sa présidence, n'a disposé d'autant de moyens, jamais, elle n'a été autant protégée de l'opinion internationale et de celle de nos alliés traditionnels qui réprouvent notre action. Il doit aussi parfois dominer les oppositions intérieures qui se manifestent avec violence, dans les médias.

Il faut souligner la condamnation de Charles de Gaulle, de la torture, comme technique de renseignement, dans la guerre révolutionnaire, sur des bases évidemment morales, mais aussi rationnelles.

La solution à l'affaire algérienne en effet n'est pas militaire, mais politique, son but n'est pas l'utopique intégration, défendue par certains, mais l'auto-détermination du peuple algérien, qu'il proclamera dans une allocution télévisée le 16 septembre 1959.

Il convient de retenir le témoignage de Madame Germaine Tillion, grand croix de la Légion d'Honneur, résistante du « Musée de l'Homme » et déportée à Ravensbrück[9]. Elle rendra un hommage posthume, sans équivoque, à celui qui fut son chef dans la résistance, sur ce qu'était sa position sur ce problème, bien avant son retour au pouvoir. Ses cendres ont été transférées au Panthéon, aux côtés de Geneviève de Gaulle Anthonioz et de Pierre Brossolette (compagnon de la libération le 28 octobre 1942).

Dans une lettre du 13 septembre 1958, au général Raoul Salan, Charles de Gaulle se prononce sans ambiguïté contre la torture[10].

Et c'est ce qu'il entend affirmer, lorsqu'il nomme Paul Delouvrier délégué général du gouvernement en Algérie, le 19 décembre 1958, chargé de la pacification avec des instructions précises, visant à abolir l'usage de la torture et à dénoncer l'illégalité de certains procédés

---

[9] Lacouture J. Le témoignage est un combat. Germaine Tillion, p 292.

[10] De Gaulle C. Lettres Notes et Carnets. Juin 1958-Décembre 1960, p 75-76.

répressifs : « … *Le gouvernement attache une très grande importance à la régularisation rigoureuse de toutes les opérations de police et de toutes les mesures préventives ou répressives auxquelles elles donnent lieu. A ce point de vue la responsabilité des chefs investis du commandement doit être entière sur le terrain où ils sont allés l'exercer, aucun organisme spécialisé, a fortiori aucun individu, ne pouvant agir que sous leur autorité…* ».

Les partisans de l'Algérie française voient, à juste titre, l'autodétermination comme le premier pas de l'abandon, vers l'instauration d'une Algérie algérienne.

Du 24 janvier au 2 février 1960, des civils algérois armés s'enferment dans un réduit et demandent le départ de Charles de Gaulle.

C'est la semaine des barricades. L'armée assure la reddition des insurgés. Pour la première fois, dans les rapports de la France et de l'Algérie, Alger n'a pas fait plier Paris ! L'armée n'en poursuit pas moins vigoureusement ses opérations.

Celle baptisée par Maurice Challe, le commandant en chef, « opération jumelles », éprouve durement les combattants du FLN qui se terrent, en attendant des jours meilleurs. L'armée française est maîtresse du terrain, de jour comme de nuit.

En juin, Si Salah, de son vrai nom Ben Rabeh Mohamed Zamoum, chef de la willaya d'Alger, complètement exsangue, voit se dessiner l'avenir d'une république algérienne, liée à la France. Il accepte de venir à Paris, pour en discuter.

Son voyage est organisé très secrètement, comme l'est sa rencontre avec le Président de la République, le 10 juin à l'Elysée.

Charles de Gaulle le reçoit en uniforme. La paix des braves qu'il a proposée serait-elle sur le point de se réaliser ?

Le 14, dans une allocution télévisée, il s'adresse aux dirigeants de l'insurrection et leur déclare qu'il les attend : *« … Une fois de plus je me tourne, au nom de la France, vers les dirigeants de l'insurrection. Je leur déclare que nous les attendons ici pour trouver avec eux une fin honorable aux combats qui se traînent encore, régler la destination des armes, assurer le sort des combattants. Après quoi, tout sera fait pour que le peuple algérien ait la parole dans l'apaisement. La décision ne sera que la sienne… »*.

Le 20, le gouvernement provisoire de la république algérienne (GPRA) se déclare prêt à envoyer une délégation à Paris.

Des responsables partent pour la capitale afin d'organiser sa venue. Du 25 au 29, ils sont reçus, à la préfecture de Melun, par le préfet Roger Moris, Secrétaire général pour les Affaires algériennes et le général Robert de Gastines, de l'état-major de l'armée de terre.

Les Français exigent le cessez-le-feu, avant toute discussion approfondie, les Algériens demandent la reconnaissance de la nationalité algérienne d'abord. C'est l'impasse.

Le 4 juillet, le GPRA fait connaître que la venue de sa délégation ne lui paraît pas opportune dans les circonstances actuelles.

Le 5, Ferrat Abbas, son président, annonce que le FLN va intensifier son combat. Il est dommage et malheureux que ces négociations n'aient pas abouti, ce qui aurait singulièrement écourté le cours de la guerre.

Fin 1958, toutes les colonies d'Afrique et Madagascar ont déclaré leur indépendance, dans le cadre de la communauté, sans que ce vaste mouvement d'émancipation ait provoqué la moindre émotion dans l'opinion.

Ces mêmes pays auront leur complète indépendance dans le courant de 1960, sans que leurs rapports avec la France aient été altérés.

Mais la métropole est lasse de la guerre et ne veut plus envoyer ses fils dans un combat qu'elle considère, en grande majorité, comme non justifié.

Le 16 septembre, Charles de Gaulle précise que sa politique est basée sur l'autodétermination. Le 28, le GPRA en prend acte, en déclarant que *« … Le libre choix ne peut s'exercer sous la pression d'une armée d'occupation… »*.

Le 11 novembre, les Européens d'Alger manifestent contre la politique d'auto-détermination. Il leur paraît évident, comme à beaucoup, qu'eu égard à l'avantage démographique des autochtones (8 contre 1 Européen), l'autodétermination ne peut mener qu'à l'indépendance de l'Algérie.

*

Quels que soient ses sentiments, Charles de Gaulle est contraint d'avancer, pour ouvrir les voies de l'avenir.

Le 4 novembre, il précise encore sa pensée politique : *« … Ayant repris la tête de la France, j'ai, comme on le sait, décidé, en son nom, de suivre un chemin nouveau. Ce chemin conduit, non plus à l'Algérie gouvernée par la métropole française, mais à l'Algérie algérienne… »*.

Le 8 janvier 1961, le principe de l'auto-détermination, proposé aux Français par référendum, est approuvé par 76,26% des suffrages exprimés.

Le même soir, le GPRA se déclare prêt à discuter.

« … Ce pouvoir a une apparence : un quarteron de généraux en retraite ; il a une réalité : un groupe d'officiers partisans, ambitieux et fanatiques... Leur entreprise ne peut conduire qu'à un désastre national… »

L'émotion et l'inquiétude sont à leur comble, dans la population européenne et chez les chefs de l'armée.

Maurice Challe, maintenant commandant en chef du centre Europe de l'OTAN, convaincu d'avoir par ses opérations pacifié l'Algérie, considère que Charles de Gaulle abandonne la paix des braves qu'il préconisait. Il s'estime trahi par le chef de l'Etat, en qui, jusqu'à ce jour, il avait confiance. Il démissionne de son poste et demande à être versé dans la deuxième section des officiers généraux.

A Alger, la révolte s'organise. Jean-Jacques Susini, l'ancien président des étudiants, jette les bases de l'organisation de l'armée secrète (OAS). Les 17 et 18 mars 1961, ce sont les premiers attentats à Paris.

La conférence de presse du 11 avril ne laisse aucune incertitude quant aux vues du chef de l'Etat sur l'avenir de l'Algérie : *« … C'est un fait, la décolonisation est notre intérêt et, par conséquent, notre politique… Notre grande ambition nationale est devenue notre propre progrès, source réelle de la puissance et de l'influence… Si les populations algériennes veulent, en définitive, se laisser mener à une rupture avec la France, telle que nous n'aurions plus aucune part à prendre à leur sort, nous n'y ferons aucune opposition… ».*

Des personnalités s'activent à préparer le « clash » qu'ils appellent de leurs vœux.

Ce sont principalement les colonels mutés en métropole qui le conçoivent et l'organisent : Antoine Argoud, Yves Godard, Joseph Broizat, Roland Vaudray, Charles

Lacheroy, bref tous les jeunes colonels qui ont l'habitude d'imposer leurs vues à leurs chefs, généraux.

La présence de Lacheroy, le théoricien des 5èmes bureaux d'action psychologique, est particulièrement significative.

La conjuration leur semble être au point. Il leur manque un chef de prestige pour brandir l'étendard de la révolte. Ce chef, c'est Maurice Challe qui a gagné Alger, avec le général André Zeller, par avion militaire. Sur place, il y a Edmond Jouhaud et le colonel Joseph Broizat. Salan les rejoint depuis l'Espagne où il s'était retiré.

A Paris, le président du Sénégal, Léopold Senghor, est en visite officielle. Pour le dernier soir du 21 avril, il a souhaité que Britannicus soit joué à la Comédie Française.

Dans l'acte I, scène 1, Agrippine dans sa tirade parle de Néron : *« … Mais qu'il songe un peu plus qu'Agrippine est sa mère, de quel nom cependant pouvons-nous appeler, l'attentat que le jour vient de nous révéler ?... »*

Pendant ce temps, la révolte éclate à Alger. A 4 heures du matin, l'Elysée est au courant de ce qui vient de se passer. Les généraux putschistes ont pour objectif de garder l'Algérie française à la France. Pour cela, il leur faut chasser Charles De Gaulle du pouvoir et s'emparer des rouages de l'Etat.

Ce samedi matin, un conseil de défense, rassemblé à la hâte, révèle que le général Paul Stehlin, chef d'état-major de l'air, est opportunément en voyage d'inspection à Madagascar, que le commandant par intérim, le major général Jean-Louis Nicot (présent au conseil), a fait concentrer tout le transport aérien militaire à l'aéroport Alger Maison Blanche.

Cette concentration a été faite, au prétexte d'un lâcher monstre de parachutistes, destiné à impressionner les populations arabes (lesquelles dit-on ne reconnaissent que la force).

Enfin, Maurice Challe, André Zeller, Joseph Broizat sont partis secrètement de Creil dans un avion envoyé pour eux par le général Pierre-Marie Bigot, commandant la Vème région militaire à Alger.

Le Président de la République décide aussitôt l'application de l'article 16 de la constitution qui lui donne des pouvoirs spéciaux, tandis que les organisations syndicales viennent à l'aide de l'Etat, en décidant une heure de grève générale *« contre le coup de force d'Alger »*.

Cette journée du samedi se passe dans l'incertitude. Charles de Gaulle attend le rapport de Louis Joxe, ministre en charge des affaires algériennes et du général Jean Olié, chef d'état-major de l'armée de terre, qu'il a dépêché sur place, afin de le renseigner.

Paris est calme, quoique l'opinion commence de prendre conscience de la menace qui pourrait venir de l'autre côté de la Méditerranée.

Tard dans la nuit, vers une heure du matin, le Président de la République, qui n'a pas beaucoup de renseignements et qui n'a plus confiance en son état-major particulier, enjoint à ses trois aides de camp (terre, mer et air), de *« faire discrètement le point dans leurs armées respectives »*.

Comme, à trois heures du matin, les radars ne détectent aucune activité aérienne, à l'ouvert des côtes de Provence, Charles de Gaulle, très calme, très « Général », se saisit de sa serviette porte-document, salue ses aides de camp en leur recommandant *« de ne pas oublier d'éteindre les lumières »*.

Il sort de son bureau en disant : *« ce n'est pas pour aujourd'hui »*.

Dans la matinée du dimanche, échappant aux rebelles, Louis Joxe et Jean Olié réussissent à regagner Paris.

Jean Morin, le délégué général, remplaçant Paul Delouvrier, le général Fernand Gambiez, commandant en chef sur place et le ministre des Transports Robert Buron sont prisonniers des rebelles.

A part le spectaculaire ralliement à Maurice Challe du 1er régiment étranger de parachutistes, en poste à Zeralda, qui déboule à Alger, avec à sa tête son commandant par intérim, le commandant Elie Denoix De Saint-Marc, de nombreux généraux se refusent à rejoindre la rébellion, ou se dispersent dans le bled, pour n'avoir pas à prendre parti prématurément.

Tout n'a pas été emporté par Challe, loin s'en faut.

Les renseignements confortent Charles de Gaulle dans son analyse : apprenant qu'ils sont quatre généraux (*« le quarteron »*) à décider, il estime que c'est leur faiblesse, que leur entreprise est, de ce fait, vouée à l'échec.

Dans l'après-midi du dimanche, le conseil des ministres prend un certain nombre de mesures, dont la fermeture des aéroports parisiens. Michel Debré, le Premier ministre, en pleine fièvre grippale, recommande à la population parisienne de se rendre à Orly, devant les parachutistes, pour les dissuader de gagner Paris !

Le Président de la République s'est enfin décidé à parler. Il apparaît aux *« étranges lucarnes »* de la télévision, en uniforme, majestueux, volontaire, déterminé, combattif. C'est le Charles de Gaulle des grands jours.

Il commande en tant que chef suprême des armées et ses ordres sont sans ambiguïté : « … *Au nom de la France, j'ordonne que tous les moyens, je dis tous les moyens, soient employés pour barrer partout la route à ces hommes-là, en attendant de les réduire. J'interdis à tout Français, et, d'abord à tout soldat, de n'exécuter aucun de leurs ordres…* »

Ses ordres sont répétés à la radio par Louis Terrenoire, ministre de l'Information. Ecoutés sur les transistors par les appelés du contingent, ils ont un effet considérable. La révolte a de moins en moins de prise sur eux.

Le mardi 25, la rébellion est terminée. Le lendemain, Challe, constatant son échec, se rend aux forces de l'ordre, en l'occurrence, aux gendarmes. Salan et Jouhaud s'évanouissent dans la nature. Ils rejoignent l'OAS, pour en devenir les chefs.

L'OAS se déchaîne en attentats aveugles sur les musulmans, appliquant la politique de la terre brûlée par ses destructions, creusant ainsi un peu plus le fossé déjà profond entre les deux communautés.

Charles de Gaulle ayant vaincu les putschistes et maintenu l'armée dans l'obéissance, le GPRA ne peut plus douter de la volonté de la France de négocier. Des pourparlers sont annoncés à Evian, pour le 20 mai, mais ajournés le 13 juin.

Le GPRA ne se décide pas à entrer franchement dans les négociations. Le 17 octobre, le FLN tente de peser sur elles, par une grande manifestation de masse à Paris. Naturellement, il n'est pas question de la laisser se développer ; elle est interdite.

Nonobstant l'interdiction, le 17 au soir, 20 à 30 000 Algériens, solidement encadrés par le FLN, convergent sur Paris par toutes les voies. Au pont de Neuilly, le choc avec les forces de l'ordre est terrible, car elles en profitent pour se venger des attentats du FLN, dont elles ont été les victimes : 48 tués, 140 blessés de 1959 à 1961.

L'historien Paul Brunet estime à 32, *« en comptant large, le nombre des victimes algériennes »*. C'est le chiffre retenu par la commission spéciale, nommée en 1998, par le Premier ministre Lionel Jospin.

Cependant, les jours suivant la manifestation, la Seine continue de charrier des cadavres algériens, plusieurs centaines dira-t-on (ce chiffre est peut-être un peu exagéré).

Qui sont-ils ? Des victimes du FLN, qui veut accentuer son emprise sur les Algériens du pourtour de la capitale, ceux qui ne veulent pas rejoindre ses rangs, qui ne payent pas leur cotisation, qui ne respectent pas les prescriptions coraniques, enfin des militants du rival mouvement national algérien (MNA) de Messali Hadj.

Malgré les atermoiements, les pourparlers reprennent aux Rousses, du 12 au 18 février 1962.

Le 18 mars, les accords d'Evian sont signés et le cessez-le-feu proclamé. Le 27, l'exécutif provisoire algérien est constitué.

Dans un télégramme confidentiel du 12 mai 1962, Louis Joxe, alors ministre d'État des Affaires algériennes, menaçait de sanctions les officiers qui organisaient le départ des harkis *« en dehors des dispositions déjà prises »*.

En supprimant cette partie du télégramme, les mal intentionnés ont fait naître la fable de l'abandon total des harkis.

Le 1er juillet, le référendum en Algérie est approuvé par 99,72% des suffrages. Le 3 juillet, la France reconnaît l'indépendance de l'Algérie.

La guerre d'Algérie, commencée le 1er novembre 1954, est pratiquement terminée. Au cours de ces 8 années de guerre, les massacres, les meurtres ont ensanglanté le pays, séparant durablement les Européens et les autochtones, empêchant de longtemps les relations entre la France et l'Algérie et hypothéquant les relations futures.

Il a été extrêmement difficile de mettre fin au drame, comme le montre la chronologie.

Sans la volonté inflexible de Charles de Gaulle, sans les armées de la France maintenues dans leur devoir victorieux sur le terrain, la paix n'aurait pu être atteinte.

On peut s'interroger sur les conséquences qu'aurait eues en France la poursuite des combats ! Charles de Gaulle n'a pas ménagé ses forces pour aboutir. De juin à mars 1960, il s'est rendu quatre fois en Algérie, au mépris de sa propre sécurité.

Dans ce règlement, il a engagé sa vie : en témoignent les attentats de Pont de Seine, le 8 septembre 1961 et celui du Petit Clamart[11], si proche de la réussite, le 22 août 1962, sans compter une quinzaine d'autres, aux dires des conjurés, ayant été préparés et non exécutés, pour diverses raisons.

Dans cette douloureuse guerre d'Algérie, où des compatriotes, des Européens et même des autochtones engageaient leurs vies et leurs biens, l'armée française, en dépit de ses soubresauts, passant outre des senti-

---

[11] François Flohic : c'était déjà l'attentat de la vengeance, les accords d'Evian ayant été signés, l'OAS et le FLN ayant proclamé le cessez-le-feu.

ments très forts, a su rester fidèle à l'Etat, incarné par Charles De Gaulle qui, lui, ne vivait pas de l'illusion de l'Algérie française, bien évidente aujourd'hui.

L'armée jusqu'au bout est restée le bras séculier de l'Etat.

*

Elle a permis le retrait de la France sans défaite, mais non sans douleur, après plus de 150 ans d'occupation.

La haine à l'égard de Charles de Gaulle a perduré dans l'attentat de la vengeance du 15 août 1964, au Mont Faron de Toulon. Il a miraculeusement fait long feu, sinon il y aurait eu de nombreuses victimes innocentes.

Charles de Gaulle n'a pas atteint l'objectif qu'il avait dans le cœur : l'Algérie algérienne, liée à la France. Peut-être était-elle une utopie comme l'Algérie française ? Pour en juger, il faudrait étudier l'histoire interne de la rébellion, les rivalités entre le FLN et le MLA, les luttes d'influence à l'intérieur du GPRA qui ont conduit à ses atermoiements.

Il demeure que Charles de Gaulle a mis fin à un conflit, où la France usait ses forces et perdait son âme. Redevenue *« la France aux mains libres »*, elle peut reprendre sa marche en avant *« pour épouser son siècle »* car, comme il l'avait dit le 11 avril 1961, *« notre grande ambition nationale... est notre propre progrès, source réelle de puissance et d'influence »*.

Ce progrès, qu'il a commencé d'entreprendre, il va pouvoir le poursuivre avec des moyens accrus.

CHAPITRE CINQUIÈME

L'État menacé

MAI 1968 : LA FRANCE S'ENNUIE

« … Cela ne m'amuse pas beaucoup ; il n'y a plus rien de difficile ni d'héroïque à faire…[12] *»*

Le retour de Charles de Gaulle aux affaires, le 1er juin 1958, le lancement d'un emprunt national, la mise en vigueur du nouveau franc, valant cent fois le précédent, par Antoine Pinay, ministre des Finances, ont créé le choc psychologique de la relance de l'économie française.

De fait, la France qui était « l'homme malade de l'Europe » a connu, de 1958 à 1968, la plus forte croissance au monde de son produit national brut, après le Japon.

Freinée volontairement, entre 1963 et 1965, par le plan de stabilisation, destiné à juguler l'inflation renaissante, elle est repartie en 1968 et frôle les cinq pour cent l'an. Les niveaux de vie s'élèvent, mais les prix aussi.

---

[12] Confidence de Charles de Gaulle à François Flohic, le 28 avril 1968.

Le franc est reconnu comme une monnaie solide. On peut donc dire que tout va assez bien au plan économique.

Cependant, il y a eu crise en 1967. En janvier de cette année, les courbes significatives indiquent un fléchissement préoccupant de l'activité et nécessitent un plan de relance, lequel, bien que timide, s'avère efficace.

La confiance est entamée, trois raisons à cela.

Tout d'abord, Monsieur Valery Giscard d'Estaing qui n'est plus ministre des Finances et des Affaires économiques, dans le troisième gouvernement de Georges Pompidou du 8 janvier 1966, préside le groupe des républicains indépendants de l'Assemblée nationale, membre de la majorité présidentielle.

Il déclare, dans une conférence de presse, que son groupe entend se démarquer nettement de la majorité, l'union pour la nouvelle république (UNR), base de l'action du Premier ministre, sur les problèmes sociaux, économiques et le rôle du parlement.

Au sein de l'assemblée, il saisit toute occasion pour critiquer le gouvernement, sans toutefois rejoindre l'opposition.

D'où le nom de « l'ère des cactus », donné à cette période, à cause des banderilles plantées, à tout propos, dans les flancs du Premier ministre.

Valéry Giscard d'Estaing ne s'attaque pas encore ouvertement au président de la République.

Cependant, le 17 août 1967, il saisit le prétexte de la déclaration follement applaudie de Charles de Gaulle au balcon de l'hôtel de ville de Montréal sur le Québec libre pour exposer *« son angoisse de craindre que l'exercice solitaire du pouvoir, s'il devenait la règle, ne prépare la France à assumer elle-même, dans le calme, l'ouverture des idées et le consentement national, l'orientation de son avenir »*.

Ensuite, les élections législatives de mars n'ont pas été bonnes, c'est le moins qu'on puisse dire.

Les formations, soutenant le gouvernement, perdent quarante sièges et voient leur majorité réduite à une seule voix (244 sièges sur 487).

Enfin, certes le niveau de vie des ouvriers a augmenté, mais les salaires n'ont pas suivi, il s'en faut de beaucoup, l'accroissement considérable des actifs des sociétés.

Sans doute faudra-t-il y voir l'une des causes du ralliement des centrales syndicales au mouvement des étudiants, l'année suivante.

En janvier 1968 les grèves reprennent.

A la fin du mois, de violentes bagarres ont lieu lors de la première journée de grève illimitée des usines Saviem de Blainville-sur-Orge, où le syndicat CFDT est majoritaire.

Les journalistes sur place notent le caractère spontané du mouvement et la conjonction significative des étudiants et des ouvriers, dans le défilé commun. Certains critiques se demandent si la lutte des classes sociales ne s'avive pas d'une lutte des classes d'âge.

En dépit de ces signes avant-coureurs de troubles, la France est calme dans son ensemble, tout va assez bien. Georges Pompidou, commentant la situation en conseil des ministres, déclare que le calme apparent ne signifie pas que le mécontentement ne risque pas de se répandre.

Charles de Gaulle poursuit sa modernisation de la société industrielle, par la participation. Il a fait voter au parlement, le 12 juillet 1965, l'amendement de Louis Vallon, premier volet d'un projet plus complet qu'il ne pourra mettre en œuvre, sur le long terme, à cause des réticences, plus ou moins affichées, de son Premier ministre, Georges Pompidou.

Pourtant, la diplomatie française vient de remporter un grand succès international quand, le 3 avril, les Nord-Vietnamiens ont accepté de négocier, à Paris, avec les Américains, les conditions du retour à la paix, dans la péninsule indochinoise.

La conférence s'ouvre le 13 mai, grâce à la France. Charles de Gaulle, lui-même, est conscient que le calme ne saurait durer. Il le dit, en janvier, à Jean-Marcel Jeanneney, ministre du Travail.

Toutefois, s'agissant de la construction européenne qui occupe beaucoup le monde politique, la presse unanime souligne que le pays aborde avec grande facilité, « comme dans un fauteuil », la dernière phase du désarmement douanier du marché commun.

Mais le journal « Le Monde », en date du 15 mars, arguant de la bonne situation du pays, suggère, par la plume de Pierre Vianson Ponté, son directeur, que le Général pourrait passer la main à son Premier ministre, Georges Pompidou.

La presse unanime le qualifie fréquemment de « dauphin », celui-ci semblant avoir la stature d'un homme d'Etat.

Georges Pompidou n'est pas d'origine politicienne, n'ayant jamais eu à briguer de mandat populaire.

Il est devenu un homme politique le jour où Charles de Gaulle l'a fait venir de la banque Rothschild, où il était fondé de pouvoir, pour en faire son Premier ministre, le 14 avril 1962.

Avec le temps et l'expérience, par sa capacité à dépasser les problèmes intérieurs et à apprécier le long terme, il apparaît à l'opinion comme étant capable de mener les destinées du pays.

Foncièrement c'est un banquier, habile dans l'art du compromis.

Son visage de paysan rusé, derrière ses sourcils touffus, plaît aux Français. Ils se reconnaissent mieux en lui qu'en la personne hautaine de Charles de Gaulle.

La place de la France dans le monde, surtout diplomatique, est considérable, mais pour ses citoyens, habitués à ne regarder que la situation intérieure, il ne se passe rien. Pierre Vianson Ponte se fait l'écho de ce sentiment, en produisant un éditorial sur « la France s'ennuie ».

Il a un profond retentissement dans l'opinion publique.

Curieusement, Charles de Gaulle partage les mêmes sentiments.

La France s'estime encore bien gouvernée. Charles de Gaulle lui apparaît toujours comme le garant de ses progrès et de sa sécurité.

Cependant, l'opinion, trop assurée de l'action du Président de la République, s'inquiète plus ou moins consciemment de l'avenir, quand il ne sera plus à sa tête.

La crise de l'or, qui débute le 13 mars, dans laquelle la France est très réticente pour soutenir le dollar en difficulté, est-elle pour quelque chose dans cet état d'esprit ?

En réalité, la Nation, dans ses profondeurs, n'a plus les ressorts nécessaires pour assumer le destin ambitieux que lui assigne Charles de Gaulle.

Elle est fatiguée des efforts qu'il lui impose, dans des domaines dont elle ne comprend pas toujours l'importance, comme l'aéronautique, la conquête spatiale, les réalisations nucléaires, civiles et militaires.

*

Charles de Gaulle a été appelé pour résoudre l'affaire algérienne et remettre le pays sur les rails.

Maintenant l'opinion a le sentiment de pouvoir se débrouiller et se détourne de lui.

Elle a aussi la fâcheuse impression que tout se fait, sans véritable participation.

La grogne des parlementaires de l'union pour la défense de la république (UDR), que l'opinion a qualifiés de « godillots », censés marcher aux ordres du gouvernement, notamment à ceux du Président de la République, puisque celui-ci est général, est l'expression de ce sentiment.

LES ETUDIANTS EN PREMIERE LIGNE

« … Sans doute le malaise des âmes, qui résulte d'une civilisation dominée par la matière, ne saurait être guéri par quelque régime que ce soit… »

Les étudiants sont, à l'origine, les détonateurs et les acteurs de la révolte de mai 1968. A partir de 1965, les générations d'après-guerre commencent à exercer une forte pression démographique. A cette date, il y a un million de jeunes de quinze à vingt ans, ce qui fait, qu'en 1969, la courbe de la population française repart à la croissance.

Corrélativement, on assiste dans l'enseignement supérieur à l'explosion exponentielle des étudiants. Ils étaient trois mille sous le Premier Empire, soixante mille en 1939-1940, ils sont plus de six cent mille en 1967-1968. Simultanément le corps enseignant a triplé.

De minorité négligeable, ils sont devenus une force susceptible de peser sur le destin national. La rentrée d'octobre 1967 a été à peu près satisfaisante. Toutefois, face au déferlement des jeunes dans les disciplines qui les mènent à l'impasse, le Président de la République rappelle que la question de l'orientation reste posée depuis longtemps, ainsi que celle de l'enseignement technique.

Devant les échecs répétés aux examens en fin de première année, il envisage d'instaurer la sélection à l'université, ce qui ne s'était jamais fait. La crainte des étudiants et des parents est particulièrement vive.

Tous sont persuadés que le succès au baccalauréat est le passage nécessaire mais suffisant pour entrer à l'université.

Le Premier ministre, fils d'instituteur, ancien normalien de lettres, résiste aux instructions du président de la République. Il ne veut pas, dit-il, à ses interlocuteurs : *« …Etre celui qui encasernera la jeunesse française… »*.

Déjà l'Elysée et Matignon divergent sur un sujet capital qui conditionne pour une part importante l'avenir de la société.

Dans tous les pays, de tout temps, les étudiants sont des agités permanents. Saint-Augustin s'en plaignait déjà. Comment les étudiants ne réfléchiraient-ils pas à la forme de société dans laquelle ils vont entrer et dont ils seront les moteurs principaux ?

De l'agitation à la contestation, le chemin peut être rapidement parcouru.

D'abord aux Etats-unis, à cause de divers facteurs spécifiques, dont la guerre au Vietnam, les étudiants s'interrogent sur la place de l'homme dans la civilisation américaine.

En 1964, la révolte de la fameuse université de Berkeley est conduite par un certain Mario Savio, dit « le rouge ». Elle a pour slogan mobilisateur : *« le bonheur c'est le pouvoir étudiant ».*

Les contestataires sont certes une minorité, mais une minorité agissante, décidée à conquérir le pouvoir par l'action terroriste.

En Italie, en 1967, l'agitation est devenue très grave. Les trois « M », Marx, Mao, Marcuse règnent en commun sur les campus universitaires.

Les idées du professeur Herbert Marcuse, Américain d'origine allemande, se retrouvent dans certaines idées revendicatives des étudiants : la critique de la société de consommation, la lutte contre la répression, la revendication de la liberté sexuelle, la demande de l'imagination au pouvoir.

Dans tous les pays saisis par la fièvre révolutionnaire, les jeunes déclarent obsolète le fonctionnement des universités et veulent détruire l'organisation capitaliste de la société.

Le gouvernement français, tout à son effort matériel pour accueillir les vagues déferlantes des étudiants, ne semble pas avoir connu -tout au moins analysé- les motivations des mouvements étrangers.

Il ne croit pas possible que de tels événements puissent se produire en France. En réalité, le gouvernement ronronne agréablement. Charles de Gaulle est le paratonnerre qui le protège des aléas. Les ministres ont l'habitude de prendre leurs vacances en toute quiétude.

Tous n'affichent pas, et de loin, l'austérité du Général, dans sa demeure campagnarde de Colombey.

Déjà en 1963, renseigné par Michel Debré, Charles de Gaulle avait dû intervenir directement, pour imposer le plan de refroidissement nécessité par l'inflation renaissante qu'il fallait juguler. Georges Pompidou avait longuement traîné les pieds avant d'agir.

En 1968, face au malaise de l'université, le gouvernement juge qu'il n'y a pas d'urgence. Pompidou est un optimiste et le Général est là, pour parer aux coups durs.

Pourra-t-il arrêter, avant qu'il ne soit trop tard, les troubles qui s'annoncent, ce n'est pas à lui d'agir, dans une affaire, d'abord du ressort du gouvernement ?

Les désordres débutent à la faculté de lettres de Nanterre. Ses effectifs sont passés de 2300 à son ouverture, en 1964, à plus de 11000 en 1967. Etudiants et étudiantes sont, en grande majorité, originaires des XVIème et XVIIème arrondissements de Paris, c'est-à-dire des quartiers de bourgeoisie riche ou aisée.

Daniel Cohn-Bendit, surnommé « Dany le rouge », à cause de sa chevelure de feu et de ses opinions anarchistes, est à la pointe de la contestation.

Ses parents ont émigré en France, un peu avant l'arrivée d'Hitler et ont vécu à Montauban, dans des conditions difficiles. Il a fait ses études primaires en France, ses études secondaires en Allemagne.

A l'heure du service militaire, il a opté pour la nationalité de ce pays et obtenu une bourse pour préparer une licence française de sociologie.

Alain Peyrefitte, ministre de l'Éducation nationale, demandera qu'il soit expulsé, mais Christian Fouchet, ministre de l'Intérieur, s'y refusera. Il estime qu'expulser un étudiant, couvert par les franchises universitaires traditionnelles, serait un acte grave, présentant plus d'inconvénients que d'avantages.

Daniel Cohn-Bendit va mener, contre le pouvoir universitaire et l'Etat, un combat d'escalade habile, soigneusement contrôlé.

Le 8 janvier, il y a un premier incident avec le ministre de la Jeunesse, François Missoffe, qu'il interpelle brutalement. Du jour au lendemain, l'insolence de Cohn-Bendit en fait une sorte de héros, auprès de ses camarades.

Le 15 janvier, ce sont les premiers affrontements avec la police et, le 22 mars, les étudiants se constituent en « groupe d'action révolutionnaire » qui rassemble anarchistes, trotskystes, situationnistes, jeunesses communistes révolutionnaires. Les communistes orthodoxes sont exclus, au prétexte qu'ils se sont mis au service du pouvoir en URSS.

Le député communiste Pierre Juquin, membre du comité central, invité par les étudiants à donner une conférence le 25 avril sur « la solution communiste au problème de l'université », sera mis à la porte, sans même pouvoir parler, en se faisant traiter de « Judas Juquin » et de « Lecanuet du PC » !

Le « mouvement du 22 mars » n'a pas de chef, puisqu'il ne saurait y en avoir dans un mouvement anarchiste, mais il a un stratège en la personne de Cohn-Bendit.

Son objectif est de détruire la société capitaliste. Il récuse aussi la société soviétique.

Son idéal est une société sans structure, animée par la fantaisie individuelle.

Le 3 avril, la crise se durcit brutalement, suite à la décision du Conseil des ministres d'instaurer la sélection à l'entrée de l'université. Les étudiants se sentent défiés dans leurs aspirations.

Jean Roche est le recteur de l'université de Paris. Ce qu'il qualifie d'incident ne serait dû, selon lui, qu'au mauvais environnement du campus.

Edifié dans une zone en plein développement, il souffre des travaux environnants, n'offre aucune distraction et n'a pas d'autobus après vingt et une heures et plus de trains au départ de Saint-Lazare, après minuit.

Les étudiants des XVIème et XVIIème arrondissements rentrent chez eux le soir, mais 1400 résidents, issus de familles plus modestes, sont prisonniers du campus. Les lacunes et les insuffisances de la faculté leur sont plus pénibles qu'à leurs camarades non résidents. Il leur est interdit d'échanger des visites entre étudiants masculins et féminins.

Cette interdiction et de multiples autres sont à la base d'un profond mécontentement dans le climat de liberté sexuelle qui s'est instauré.

Il est clair que le recteur Roche n'a pas connaissance du bouillonnement de Nanterre qui risque, à tout moment, de faire exploser la faculté.

Charles de Gaulle, sur la foi de ce que lui rapporte le recteur, affecte de ne voir dans les désordres qu'un chahut d'étudiants, excessif certes, mais chahut tout de même.

Cependant, Alain Peyrefitte, dans une lettre du 22 avril au Premier ministre, expose que *« la sélection risque de déclencher une panique, panique des parents, panique des étudiants et lycéens, panique des universitaires qui ont déjà peur de leurs étudiants »*. Alain Peyrefitte, ancien normalien, a bien apprécié le danger.

Le 2 mai, le doyen Pierre Grappin, confronté aux désordres incontrôlables, fomentés par les étudiants, décide la fermeture de sa faculté.

Il est à noter que le doyen, ancien professeur d'allemand à la Sorbonne, ancien doyen de la faculté de lettres de Nancy, a été chargé de créer Nanterre. Grand résistant, pacifiste convaincu, son esprit ouvert et son cœur généreux l'ont porté vers la gauche progressiste.

Il croit qu'il faut laisser aux hommes la possibilité de vivre leur foi. Combien de professeurs, animés des mêmes sentiments, se retrouveront plus tard dans le syndicat national de l'enseignement supérieur (SNESUP) et joueront un rôle important dans la révolte du quartier latin, sous l'impulsion de leur secrétaire général Alain Gesmar, maître assistant à la faculté des sciences de Paris !

Les étudiants d'origine bourgeoise sont à la pointe du refus de la sélection, au prétexte qu'elle n'est pas démocratique.

En réalité, la sélection par le savoir et le travail est vraiment le moyen démocratique par excellence. Appliquée, elle risquerait d'écarter de l'université et plus tard des emplois, ceux des étudiants soutenus par leurs familles.

Curieusement, les étudiants d'origine modeste leur emboîtent le pas, malgré le fait que la sélection représenterait pour eux une chance supplémentaire de percer. La fermeture de Nanterre a pour première conséquence de précipiter ses étudiants désœuvrés au quartier latin.

Le 3 mai, ils s'installent dans la Sorbonne, affichent partout des portraits de Karl Marx et de Mao Tse Toung.

Rien qu'en cette journée, d'après le recteur Robert Malet qui remplacera le recteur Jean Roche, il y sera fait plus de 50 millions de dégâts. Dans l'après-midi, le recteur Roche, conscient de la gravité de la situation nouvelle, demande au gouvernement de faire évacuer les bâtiments par la police, avant qu'il ne soit trop tard.

L'opération est conduite sans ménagement. Quatre étudiants, arrêtés et jugés en flagrant délit, sont condamnés à deux mois de prison ferme.

La manifestation suivante se fera aux cris de *« libérez nos camarades »*.

La révolte étudiante s'organise le 6 mai et se développe dans la soirée. Elle rassemble 6000 manifestants, certains bottés et casqués, armés de pioches et de barres de fer. Le heurt avec les forces de l'ordre est extrêmement violent, boulevard Saint-Germain et aux alentours.

On dénombre plus de 600 blessés, 481 parmi les forces de l'ordre, 279 chez les manifestants.

La spirale souhaitée et préconisée par Cohn-Bendit - agitation, manifestation, répression- prend, de ce fait, vraiment corps.

Le 7 mai, plus de 20 000 jeunes défilent autour de l'Arc de Triomphe, en proférant des propos malséants et en faisant des gestes déplacés devant la sépulture du soldat inconnu.

Le 9, l'union des étudiants de France (UNEF) invite les étudiants et les ouvriers à une grande manifestation place Denfert-Rochereau. L'UNEF, qui ne regroupe que 45 000 adhérents sur 600 000 étudiants, dont certains ne payent pas leur cotisation de 15 francs, n'a pas de président.

Le vice-président, Jacques Sauvageot, en fait fonction. Le mouvement a pour base politique le parti socialiste unifié (PSU).

Sont concernés, aussi, le syndicat national de l'enseignement du second degré (SNES), de tendance communiste, et le syndicat national des instituteurs

(SNI), de tendance socialiste, qui forment tous deux la fédération de l'éducation nationale.

Le parti communiste et la confédération générale du travail (CGT) interdisent à leurs adhérents d'y participer, ce qui se réalise d'autant plus aisément que les ouvriers considèrent les étudiants comme des nantis, menés par des chefs trotskystes, avec lesquels ils ne sauraient faire cause commune.

La reconduite de Juquin à Nanterre les a profondément irrités. Georges Marchais, dans le journal l'humanité du 3 mai, a vigoureusement récusé *« ces pseudo-révolutionnaires qui prétendent donner des leçons au mouvement ouvrier, alors qu'ils servent les intérêts des grands monopoles capitalistes. L'aventurisme gauchiste porte le plus grand préjudice au mouvement révolutionnaire »*.

En revanche, l'opinion, même des bourgeois, dont l'adhésion à la cause des étudiants n'est pas acquise, a de la sympathie pour eux.

Le 10 mai, Charles de Gaulle commence à s'inquiéter du laxisme du gouvernement. Il convoque Christian Fouchet, ministre de l'Intérieur, et lui demande d'interdire la manifestation annoncée la veille par l'UNEF.

Christian Fouchet, dont le siège a été fait par le préfet de police Maurice Grimaud, convainc le Président des graves inconvénients de la mesure projetée. Il craint qu'elle n'entraîne la mort d'un ou plusieurs étudiants, auquel cas, selon lui, le régime n'y survivrait pas.

Charles de Gaulle cède à contre-cœur, lui qui, depuis le début des événements, n'a cessé d'appeler le gouvernement à la fermeté. Fouchet ne voulait pas avoir du sang sur les mains. Quant à Grimaud qui écrira plus tard[13] *« en mai fais ce qu'il te plaît »*, il était, selon Pierre Lefranc, *« plus compréhensif de la lutte des étudiants que des nécessités de l'ordre dans l'Etat »*.

Ce 10 mai 1968 au soir, 10 000 manifestants se rassemblent place Denfert-Rochereau et, descendant le boulevard Saint-Michel, commencent à ériger des barricades, dépavant les rues, coupant les arbres à la tronçonneuse, y accumulant les automobiles.

La nuit du 10 au 11 mai est vraiment la « grande nuit des barricades ».

Entre minuit et cinq heures, se déroulent de véritables batailles de rues. L'ordre de réduire les étudiants qui se conduisent désormais en insurgés n'est donné, trop tardivement, qu'à deux heures dix par le Premier ministre intérimaire, Louis Joxe.

A cinq heure trente, la dernière barricade est enlevée par les forces de l'ordre. Le bilan de la nuit est lourd : 376 blessés, dont un tiers parmi la police, près de 500 arrestations, plus de 100 automobiles incendiées. Six étudiants sont condamnés en flagrant délit et incarcérés.

Face à la folie de la nuit, le 11 au matin, le climat dans Paris est presque partout à la détente.

*

Ici et là, des pourparlers s'ébauchent entre les autorités universitaires et les révoltés. Les syndicats entrent en ligne contre la répression policière.

Déjà, le lundi 6 mai, Eugène Décamps, secrétaire général de la confédération française du travail (CFDT), avait jugé que la crise universitaire était d'une telle ampleur que sa confédération ne pouvait plus s'en désintéresser.

---

[13] Grimaud M. *En mai fais ce qu'il te plaît.*

La CGT, en dépit de son hostilité aux organisations gauchistes, emboîte le pas de sa partenaire et concurrente. Dans l'après-midi du 11, elle appelle à la grève générale, pour le lundi 13.

Ce que souhaitaient les étudiants dès l'origine, s'est enfin réalisé, les ouvriers vont être avec eux ; mais ils prendront rapidement leur place, dans la contestation et la révolte.

LE PAROXYSME

> « ... *Tout le monde comprend, évidemment, quelle est la portée des événements, universitaires, puis sociaux. On y voit tous les signes qui démontrent la nécessité d'une mutation de notre société et tout indique que cette mutation doit comporter une participation plus étendue de chacun...* »

Depuis le 2 mai, le Premier ministre est en voyage officiel en Iran et en Afghanistan.

Ce samedi 11 mai, il rentre de Kaboul. Renseigné en permanence par son directeur de cabinet Michel Jobert, il a rédigé, dans l'avion, l'allocution qu'il se propose de prononcer le soir même à la télévision.

Il est persuadé qu'il faut abandonner la politique de fermeté et de répression et adopter une attitude plus souple envers les insurgés.

Fils d'instituteurs, normalien, un temps professeur, il est convaincu que ses origines et son aspect visionnaire vont avoir un effet lénifiant sur les étudiants. Son intention est de détendre la situation, en rouvrant la Sorbonne, en libérant les étudiants condamnés en flagrant délit et incarcérés, en retirant les forces de police du quartier latin.

Rentré à Matignon, il dévoile son plan à ses ministres. Louis Joxe, Christian Fouchet, Olivier Guichard, Alain Peyrefitte, Jacques Foccart et Pierre Lefranc assistent à l'entretien.

Peyrefitte déclare que le Général désapprouvera son projet : il ne sait pas que le Premier ministre tient une botte secrète en réserve. Après dîner, Georges Pompidou se rend à l'Elysée, pour présenter son plan. Mesurant les réticences du Président[14], il lui *« met brutalement le marché en main : ou bien vous acceptez mon plan, ou je démissionne. »*

Pierre Lefranc pensait que Charles de Gaulle avait deux décisions possibles : remplacer le Premier ministre ou accepter ses conditions. Remplacer Georges Pompidou avait l'avantage de provoquer un choc, peut-être salutaire dans l'opinion. Charles de Gaulle choisit la deuxième solution.

Mais il est évident, dans ces circonstances dramatiques, qu'il ne pouvait être question d'aggraver la situation du moment, par une crise gouvernementale que l'opinion ne comprendrait, ni n'accepterait. D'ailleurs, il fallait avoir sous la main l'homme capable de prendre à bras le corps une situation explosive.

C'est donc la carte forcée que Charles de Gaulle accepte, à contrecœur, ce qui aura pour conséquence immédiate de le placer en position de faiblesse à l'égard de son Premier ministre, qui ne se privera pas d'en user et d'en abuser.

A son retour à Matignon, ce dernier indique à Louis Joxe ce qu'il vient d'arracher au président de la république, sans, bien sûr, préciser le moyen qu'il a employé.

---

[14] Confidence de Charles de Gaulle à François Flohic.

Joxe a ce cri du cœur : *« Mais c'est contraire aux délibérations du conseil des ministres et aux instructions du Général ! »*.

Stupéfait, il s'entend répondre : *« Le Général ne compte plus. C'est moi qui commande désormais »*[15].

A cet instant, Georges Pompidou est en passe de régner en maître dans l'Etat, dépossédant Charles de Gaulle de son pouvoir.

Il y avait bien l'article 16 de la Constitution qui autorise le Président de la République à mettre en œuvre tous les pouvoirs, mais Charles de Gaulle ne pouvait y recourir, eu égard à l'opinion publique et à l'opposition probable de son Premier ministre.

L'appliquer serait apparu comme un coup de force dictatorial. A aucun moment, il ne fut question de l'article 16.

L'allocution télévisée de Georges Pompidou, le soir même, fut *« stupéfiante dans le ton et le contenu… Mais une sorte d'espérance rassurante prit forme. De cet instant, Georges Pompidou joua seul et pour lui. Il joua contre de Gaulle*[16]. »

En fait, c'est un véritable coup de force occulte que Pompidou vient de réussir.

Ayant imposé sa solution, il s'affirme comme le seul ministre responsable.

Matignon devient la ruche qui conduit tout dans les moindres détails. Maurice Grimaud, lui-même, préfet de police, est dépossédé d'une grande partie de ses attributions et de ses pouvoirs par Pierre Somveille, conseiller du Premier ministre, pour la police.

---

[15] En 1978, confidence de Louis Joxe, alors député du Rhône, à François Flohic.

[16] Pierre Lefranc.

Ce dernier commande directement les forces de police à partir d'un camion radio, installé dans la cour de Matignon.

Dès le lendemain 12, le plan d'apaisement du Premier ministre est mis en application. La Sorbonne rouverte est immédiatement occupée, les étudiants libérés deviennent les héros de leurs camarades. Les forces de police retirées du quartier latin ont le sentiment d'avoir été désavouées.

Malheureusement, ces mesures généreuses sont loin de donner le résultat escompté.

Les étudiants et les révoltés y voient le signe tangible du recul du pouvoir et les prémisses de leur victoire prochaine. Leur combativité qui s'émoussait s'en trouve relancée.

Le 13 mai, dans l'après-midi, date ayant la charge symbolique des événements de 1958, 300 000 personnes se rassemblent pour une manifestation de masse, d'ampleur inusitée.

Les étudiants et des éléments troubles s'engouffrent dans la Sorbonne, d'autant plus facilement qu'il n'y a rien, ni personne pour s'y opposer.

Alors qu'ils tiennent leurs grand-messes révolutionnaires dans l'enceinte prestigieuse, la grève de 24 heures préparée par la CGT paralyse les pouvoirs publics.

Durant la manifestation, on constate avec stupéfaction que les meneurs étudiants et les dirigeants syndicaux ont le pas sur les hommes politiques de l'opposition. Du jamais vu !

Or, le mardi 14, au matin, Charles de Gaulle doit s'envoler pour son voyage officiel en Roumanie, prévu depuis longtemps.

Rester à Paris, lui semble-t-il, aboutirait à afficher son inquiétude. Ce serait aussi ruiner la politique qu'il a engagée, visant à réduire l'emprise de l'URSS sur ses satellites de l'Europe de l'Est, notamment sur ceux de l'ex-petite entente.

Dans une réunion impromptue à l'Elysée, à une heure du matin, Christian Fouchet supplie le général de rester à Paris, tandis que Georges Pompidou et Maurice Couve De Murville, ministre des Affaires étrangères, insistent pour que ce voyage soit maintenu, en arguant de son importance pour la continuité de la politique extérieure.

Finalement, Charles de Gaulle décide de partir. Selon lui, la situation n'a pas encore suffisamment évolué, pour qu'il puisse agir efficacement.

Peut-être, aussi, n'est-il pas fâché d'éprouver et d'user son Premier ministre que la presse et l'opinion présentent comme son « dauphin incontesté » ?

Le voyage en Roumanie se déroule triomphalement.

Le contraste est saisissant entre l'accueil fait au Président de la République par la foule roumaine et ce qui se déroule à Paris.

Les dirigeants roumains ne comprennent pas que les Français attaquent l'immense prestige de Charles de Gaulle et que l'Etat ne puisse venir à bout de l'agitation violente dans laquelle les ouvriers refusent encore toute collusion avec les étudiants révoltés.

A l'agitation et au désordre, il faut mettre un terme.

En accord avec les autorités roumaines, le Général décide d'écourter son voyage de la matinée du dimanche, ce qui le fait atterrir le samedi soir à 22 heures à Orly. Il gagne l'Elysée, avec le Premier ministre dans sa voiture. Il est furieux et le fait savoir au principal responsable.

En effet, la situation est bien plus grave que cinq jours auparavant. Le 15, il y a eu la première grève chez Renault, à Cléon. Le 16, toute la régie nationale a emboîté le pas de leurs camarades. Le 18, l'ORTF a cessé partiellement son activité. Le 20, plus de dix millions d'ouvriers ont cessé de travailler.

L'objectif de Charles de Gaulle est d'abord de remettre la France au travail. Ensuite, on verra ce qu'il convient d'entreprendre pour apaiser les mécontentements. Il estime nécessaire la reprise des bâtiments publics, aux mains des insurgés, en commençant par la Sorbonne et l'Odéon, symboles du désordre et de la révolte à l'autorité de l'Etat.

Il projette *« de faire évacuer l'Odéon le jour même, la Sorbonne le lendemain, de protéger l'ORTF et de n'employer pour l'information que des éléments vraiment sûrs. »*

Georges Pompidou a publié le fac-similé de ces instructions[17], adressées au Premier ministre, au ministre de l'Intérieur, au ministre de l'Information. Mais rien n'est entrepris pour contrôler les bâtiments précités. La Sorbonne ne sera évacuée que le 16 juin, sur ordre du nouveau ministre de l'Intérieur, Raymond Marcellin.

Christian Fouchet a raconté à Philippe Alexandre ce que fut cette réunion, dans le bureau présidentiel : *« Pompidou restant silencieux, il m'a fallu monter seul au casse-pipe. J'ai expliqué au général qu'il était impossible de reprendre la Sorbonne, sans tirer*[18]*. »*

Charles de Gaulle exige, quand même, la reprise de l'Odéon dans les vingt-quatre heures. Décision que Pompidou, rentré à Matignon, s'emploie aussitôt à faire reporter en exposant à Bernard Tricot que c'est de la

---

[17] Pompidou G. Pour rétablir une vérité, p 187.

[18] Alexandre P. Le duel De Gaulle-Pompidou.

folie, eu égard aux réactions en chaîne qu'elle provoquerait.

Depuis le retour d'Afghanistan de son Premier ministre, le Président de la République n'a plus beaucoup de prise sur celui qui ne nous a pas expliqué pourquoi il n'a pas agi.

Le retour de Charles de Gaulle n'a pas provoqué de mouvement favorable dans l'opinion.

Son allocution télévisée du 24 mai, bien qu'excellente dans l'analyse du profond malaise de la société et explicite dans les mesures pour y remédier, tombe littéralement à plat.

C'est qu'elle a été prononcée d'un ton désabusé, dans lequel les Français, partisans de la loi et de l'ordre, ne retrouvent pas le Charles de Gaulle qu'ils ont toujours connu.

Il annonce un référendum pour le mois de juin, mais précise qu'en cas de réponse négative, il n'assumera pas plus longtemps sa fonction. Les manifestants vont le prendre au mot.

La nuit du 24 au 25 est la deuxième nuit des barricades. Les pancartes et la foule proclament : *« Adieu de Gaulle, Adieu de Gaulle… »*, mille fois répété.

Au matin du 25, le bilan est de 212 policiers blessés, 652 manifestants ont été interpellés, dont 390 non étudiants. Les pompiers ont fait 350 sorties.

Dans les grandes villes, il y a eu des manifestations similaires. A Lyon, 300 personnes ont été blessées, un commissaire de police a été écrasé par un camion.

Le soir du 24, le Général, se regardant à l'écran, se rend compte de sa mauvaise prestation et dit : *« J'ai mis à côté de la plaque »*, expression militaire imagée, pour préciser qu'on a raté la cible.

Il juge la situation insaisissable.

Fait autrement grave, l'Elysée n'embraye plus sur rien, du fait de la monopolisation de l'action par Matignon, durant le voyage roumain.

Le Général s'en plaint : *« Je donne des instructions, le gouvernement n'en tient pas compte. Il donne des ordres, il ne m'en rend pas compte »*[19].

Le 21, le débat à l'Assemblée nationale a été catastrophique pour lui. Dans les couloirs, certains « gaullistes », élus « sous son képi », n'hésitent pas à déclarer ouvertement : *« Maintenant le vieux est fini, il doit partir »*.

Michel Jobert vient voir Bernard Tricot à l'Elysée pour lui faire valoir que seule la démission du Général permettrait de sortir de la crise[20].

Il est malaisé de croire que Georges Pompidou, en dépit de ses dénégations, n'ait pas donné son aval, tout au moins tacite, à la démarche insolite de son principal collaborateur.

Elle est à rapprocher des pressions renouvelées de Valéry Giscard d'Estaing et de son groupe parlementaire, sur l'entourage du Premier ministre, l'incitant à demander la destitution du Président de la République.

De la démarche dont il a été l'objet, Bernard Tricot ne rend pas compte au Président, au prétexte de ne pas envenimer les relations entre les deux hommes[21].

Elle était cependant significative du climat régnant à Matignon.

L'allocution du « vieux », insistant sur ses projets de participation, a convaincu de larges secteurs de la bour-

---

[19] A François Flohic.

[20] Tricot B. Mémoires, p 304.

[21] Tricot B. Mémoires, p 304.

geoisie, qui ne l'ont jamais aimé, qu'il a cessé d'être un rempart et son assurance.

Elle a reporté ses espoirs sur Pompidou qui a le mérite, à ses yeux, d'être un banquier, présentant toutes les garanties de sécurité.

Les Français se retrouvent en lui, alors qu'il est très autoritaire et jaloux de son autorité. Comme quoi les apparences sont souvent plus importantes que la réalité. Charles de Gaulle est désormais en cause, il le sait parfaitement.

Georges Pompidou a réussi à réunir les partenaires sociaux, afin de s'entendre sur les conditions de la reprise, principalement par l'augmentation des salaires.

Fait significatif, Michel Debré, ministre de l'Économie et des Finances, est exclu de propos délibéré par Georges Pompidou, d'une négociation qui est pourtant au cœur de ses attributions.

Les talents d'arrangeur du Premier ministre vont pouvoir donner à plein. Ouvrant la concertation, il dévoile son objectif, la remise de la France au travail, sous-entendu, quel qu'en soit le prix.

Il sait pertinemment qu'il faudra lâcher sur les rémunérations.

S'il se bat, pied à pied, pour limiter la hausse du SMIC, il ne peut faire qu'elle n'atteigne 35%, chiffre considérable, jamais obtenu par les centrales syndicales.

Lorsque la conférence de Grenelle se termine, au petit matin du lundi 27, Georges Seguy, secrétaire général de la CGT, est radieux. Georges Pompidou, bien qu'épuisé, l'est aussi.

Les syndicats ayant accepté de reporter leur ordre de grève, il peut se dire que sa politique a triomphé, d'autant plus complètement que Seguy qui n'en demandait pas tant, lui dit : *« C'est un bon accord, fécond. Dans deux jours la France sera au travail »*.

Ce n'est pas l'avis des ouvriers de Renault qui conspuent leur secrétaire général à Billancourt, venu leur vanter les résultats arrachés de haute lutte.

Ce n'est plus une révolte, mais une révolution que les trotskystes aspirent à installer dans l'anarchie, hors de toute structure.

Les accords étant ainsi rejetés, le succès momentané du Premier ministre s'effondre. Une fois de plus, sa stratégie du compromis, que lui dicte son caractère, a échoué. Il ne semble plus avoir de recours dans la majorité qui soutient le gouvernement.

Il est dans la nature des choses qu'une telle situation provoque des effets à la mesure de la dégradation de l'autorité de l'Etat.

Ce lundi 27, l'UNEF et les gauchistes ont été autorisés à organiser une manifestation au stade Charléty.

Pierre Mendès-France, le légaliste, y apporte la caution de sa présence. La gauche non communiste appelle à la révolution et à la prise du pouvoir.

Le lendemain, mardi 28, François Mitterrand dénonce le référendum *« comme la voix de la dictature, venue du fond des âges »* et pose sa candidature à la présidence de la République, en cas de vacances du pouvoir, Mendès-France devenant son Premier ministre.

De leur côté, les communistes ne sont pas inactifs. Ils appellent toutes les organisations syndicales à un grand rassemblement, pour le mercredi 29, qui irait de la Bastille à Saint-Lazare.

C'est la première fois qu'une manifestation passe aussi près de l'hôtel de ville et se disloque à Saint-Lazare. La menace est double : les communistes ont-ils l'intention d'installer une nouvelle commune à Paris et de se saisir de l'Elysée ?

Cette annonce conforte Charles de Gaulle dans le bien-fondé de la décision qu'il a déjà prise de quitter Paris. Il ne veut pas être mis dans la nécessité de faire tirer sur les manifestants.

Il sait qu'un palais vide ne se prend pas, que l'Etat se trouvera avec lui, partout où il sera, sur le territoire national.

La menace sur l'Etat est directe, non dissimulée. Pompidou ne s'y trompe pas. D'accord avec le Général, il met en place un dispositif militaire, auquel les deux hommes s'étaient jusqu'alors refusés.

Des unités blindées sont rapprochées de Paris et certains bâtiments publics sont placés sous la garde de l'armée.

Il est évident que Charles de Gaulle ne pouvait se satisfaire de réticences.

Cela explique, en partie, qu'il s'apprête à se rendre chez le général Jacques Massu (compagnon de la libération le 14 juillet 1941), à Baden-Baden, pour sonder les reins et les cœurs et surtout pour plonger le Gouvernement dans l'inquiétude de ses décisions, seul moyen de reprendre l'ascendant sur lui.

Bernard Tricot a senti un changement dans l'attitude du Président de la République. Il le confie au journaliste Frédéric Grendell : *« A mon avis, le Général va tenter quelque chose. Quoi ? Je ne saurais le dire. Il a compris que la France lui échappait et qu'il ne pouvait la retrouver par les voies ordinaires. Alors il va sans doute dramatiser, pour amener les Français à se ressaisir »*[22].

---

[22] Journal le Matin du 7 juin 1983.

Charles de Gaulle est fatigué, il ne dort pas depuis plusieurs nuits. Le mardi 28, il reçoit plusieurs visiteurs, dont Georges Pompidou, le général Michel Fourquet (compagnon de la libération le 12 juin 1945), chef d'état-major des armées, puis, après le dîner, Christian Fouchet.

Il insiste auprès du Premier ministre, pour que le gouvernement organise le référendum qu'il a annoncé le 24. Pompidou préconise des élections générales.

L'opinion les comprendrait et les accepterait, alors que l'opposition tient le référendum sur le sujet annoncé, pour inconstitutionnel.

D'ailleurs, le conseil d'État, s'apprête à condamner le texte qui lui a été soumis.

A. Christian Fouchet, Charles de Gaulle demande que les forces de l'ordre restent maîtresses du terrain, quoi qu'il arrive :

– *« Oui, répond Fouchet, à condition que l'on puisse recourir au feu* ;

– *Oh, vous savez »*, rétorque Charles de Gaulle, *« Le feu ne me fait pas peur »*.

Ce faisant, il couvre et encourage son ministre de l'Intérieur qu'il sait être, depuis le début, inhibé par la peur qu'il y ait mort d'hommes.

Il a aussi reçu son fils, l'Amiral Philippe de Gaulle.

Une première fois, le dimanche 19, lorsque celui-ci est venu déjeuner en famille chez ses parents.

Alors que Charles de Gaulle a regagné son bureau, il demande à être reçu par lui.

En sortant, il fait ce commentaire : *« Evidemment, mon père est fatigué. Il y a l'âge et puis il ne dort pas ou peu ; mais il m'a assuré qu'il ne lâcherait pas »*.

Il le revoit le lundi 27, après dîner. Il ne cache pas à son père qu'il estime son règne terminé, mais qu'il ne peut pas laisser le champ libre aux communistes et aux trotskystes, sans réagir.

Il est opposé à ce que son père se rende à Colombey pour se reposer, car cela apparaîtrait à l'opinion comme un week-end ordinaire, sans effet de choc sur elle. Il préconise que le Général se rende à Brest, sous la sauvegarde de la marine.

De son entretien il résulte que Charles de de Gaulle veut quitter Paris et voir Jacques Massu.

Durant toute la journée du mardi 28, Charles de Gaulle a mûri son plan, sans en faire part à quiconque. A 17 heures 30, il convoque son gendre qui commande la 7ème division à Mulhouse, pour le lendemain matin, mercredi 29.

Jean-Martin d'Escrienne se souvient parfaitement qu'Alain de Boissieu (compagnon de la libération le 18 janvier 1946), futur Chancelier de l'Ordre, lui a téléphoné dans la soirée, pour lui confirmer qu'il serait bien, le lendemain, à l'Elysée, aux alentours de 10 heures.

*

Pour Charles de Gaulle, agir est d'autant plus urgent que sa femme ne supporte plus l'Elysée.

Dans l'après-midi, sa voiture étant bloquée dans un embouteillage, elle a été prise à partie et insultée grossièrement par un automobiliste, ayant toutes les apparences d'un bourgeois bon teint.

Madame Yvonne Vendroux de Gaulle (Tante Yvonne) n'en peut vraiment plus de tension nerveuse. Au dîner, elle craque littéralement, au point, qu'abandonnant la salle à manger, le Général fait servir le repas dans le salon, jouxtant la chambre à coucher.

Il est probable qu'à tous les griefs qu'elle accumule contre l'Elysée, Madame de Gaulle a exprimé son inquiétude concernant la situation de son fils et de sa famille, dont elle sait l'immeuble gardé par un piquet de grève, car un président directeur général important y habite aussi.

CHAPITRE SIXIEME

La résolution

29 MAI 1968 : LE DEPLACEMENT A BADEN-BADEN

« … Le consentement qui rend les lois fécondes n'apparaît souvent, je le sais, qu'à la lueur du tonnerre… »

Ce mercredi 29 mai 1968, le Président est à son bureau à 7 heures, plus tôt qu'à l'accoutumée. Il reçoit son directeur de cabinet, Xavier Daufresne de la Chevalerie puis, à 9 heures, Bernard Tricot. Il les informe qu'il va prendre une nuit de repos à Colombey et charge le Premier ministre du report, au lendemain après-midi, à la même heure, du Conseil des ministres.

Il reçoit ensuite le général André Lalande (compagnon de la libération le 20 novembre 1944), chef d'état-major particulier. Aussitôt après, il ordonne à son aide de camp, le commandant aviateur Pierre Tallon, de faire mettre les hélicoptères en attente à l'héliport d'Issy-les-Moulineaux. Ceci est exécuté, suivant la procédure normale, par l'état-major particulier, afin de ne pas éveiller les soupçons éventuels.

François Flohic n'est pas en service et en profite pour faire ses courses dans le quartier de l'avenue de Suffren, en prévision d'un dîner, programmé depuis longtemps le soir même et que son épouse, bloquée au domicile toulonnais de son père par la grève des chemins de fer, lui recommande de maintenir.

Rentrant à 10 heures à son domicile, au moment où il introduit la clé dans la serrure, il entend le téléphone sonner. Il se précipite :

– *« Allô Flohic, ici d'Escrienne. Voici une demi-heure que je cherche à vous toucher. Le Général vous demande, en uniforme, avec un bagage pour la campagne. Quand serez-vous prêt ?*

– Instantanément, envoyez-moi une voiture. Je serai prêt ».

Le fait d'être en uniforme pour la campagne provoque un déclic d'urgence, les aides de camp ayant toujours accompagné Charles de Gaulle, en civil, à sa demeure.

La valise bouclée à la hâte, François Flohic est à 10 heures 30 dans le bureau des aides de camp et, sans même saluer ses collègues, veut se précipiter dans le bureau du Président de la République.

A peine a-t-il posé la main sur la poignée de la porte que ses camarades l'arrêtent en lui disant que Boissieu s'y trouve.

François Flohic ronge son frein en comptant les minutes qui défilent. Cette attente lui permet d'apprendre un certain nombre de choses, dont la présence en alerte des hélicoptères à Issy-les-Moulineaux.

Quant à leur destination, personne n'en sait rien.

A 11 heures, exactement, Boissieu sort du bureau de son beau-père. Croisant François Flohic, il lui dit : *« Si vous avez besoin de faire du kérosène, il y a un fidèle à Orges, entre Chaumont et Châteauvillain ».*

Ce qui s'est passé entre Charles de Gaulle et Alain de Boissieu, ce dernier l'a révélé, le 8 juin 1983, au micro d'Europe Un :

« Au début il m'a fait le coup de l'apocalypse[23]*. Je me suis alors levé et, me mettant au garde-à-vous, je lui ai dit qu'il n'avait plus devant lui son gendre, mais le commandant de la 7ème division à Mulhouse, que l'armée était excédée par ce qui se passait, dans toute la France ».*

– « Serait-elle disposée à agir ?

– Je puis vous en donner l'assurance.

– Pourrait-elle reprendre les bâtiments publics occupés ?

– Certainement. Elle l'a fait à maintes reprises, durant l'affaire algérienne.

– Bien. Comment s'y prendrait-elle ?

– En jetant des grenades lacrymogènes par les soupiraux, ce qui ferait sortir les rats que l'on prendrait sans coup férir.

– Le général Beauvallet[24] *est-il dans les mêmes dispositions d'esprit ?*

– Je puis vous l'assurer, ayant eu récemment une réunion de travail avec lui.

– Et Massu ?

– Massu aussi[25]*. »*

« C'est bien. Je vais m'en assurer. Vous allez vous rendre à Colombey d'où vous lui téléphonerez - ici le Gouvernement écoute tout, notamment sur les réseaux militaires - afin de lui donner rendez-vous au Mont Saint-Odile, à défaut à Strasbourg-Entzheim, si la météo que vous avez constatée est mauvaise sur les Vosges. Moi pendant ce temps, je volerai en direction de l'est.

---

[23] Le coup de l'apocalypse est bien connu des Français libres, il consiste, à partir d'un fait anodin, à développer des arguments de catastrophe, se terminant par… l'apocalypse.

[24] Commandant le premier corps d'armée à Metz.

[25] Massu commande les forces françaises d'Allemagne, de son PC de Baden-Baden.

Vous me renseignerez du résultat de vos démarches par les radars sur le parcours. De tout ceci, pas un mot à quiconque. Secret absolu. Je veux plonger le Gouvernement et l'opinion dans l'inquiétude de mon absence. »

Entrant, à son tour, dans le bureau présidentiel, François Flohic salue Charles de Gaulle :

– « Je ne dors plus ici. J'ai besoin de me refaire à la campagne. Prenez des cartes, plus à l'est de Colombey, sans que l'on vous voie et rendez-moi compte, quand je pourrai quitter l'Elysée.

– Des fonds sont-ils prévus ?

– Oui tout est prévu. »

Dans l'ignorance où il se trouve de la destination, François Flohic penche pour un déplacement à Mulhouse.

En cinq minutes il a pris des cartes, donné ordre au chauffeur de stationner dans le parc, prévenu le commissaire Henri Puissant, chef adjoint de la sécurité présidentielle, du départ imminent.

Le Général pourra partir à 11 heures 15.

Au moment où sa voiture roule déjà sur le gravier, Charles de Gaulle demande quel trajet il va emprunter pour gagner l'héliport[26] car, dit-il, *« je ne tiens pas à défiler devant Citroën en grève »*.

A la volée, François Flohic interroge Puissant qui répond *« rive droite »*. Contrairement à l'habitude, François Flohic ne s'est pas concerté avec la sécurité sur l'itinéraire.

Depuis l'attentat de Pont-sur-Seine, l'aide de camp décidait seul de l'itinéraire des déplacements privés, la voiture de sécurité suivant celle du Président de la République.

---

[26] Ce qu'il n'avait jamais fait.

A 11 heures 20, les deux voitures se rangent près des hélicoptères en attente. Les équipages s'affairent au chargement des bagages.

Ils paraissent relativement importants, quoique la capacité des soutes des deux Alouettes III soit très limitée. Il faut aussi caser la valise de François Flohic, celle du commissaire Henri Puissant, du policier Roger Tessier (le gorille) et celle du médecin de service qui transporte, en outre, le matériel de réanimation de l'armée.

Tout ceci prend un certain temps. Charles de Gaulle s'impatiente et dit : *« Pressons, on nous observe »*. Son chauffeur, Paul Fontenil, marque sa surprise de ne conserver aucun bagage. D'habitude, il les apporte à Colombey, par la route.

Enfin les soutes sont fermées, les passagers embarqués.

A 11 heures 45, les trois hélicoptères sont en vol, cap à l'est. Le troisième étant celui de la Gendarmerie.

François Flohic occupe un siège à l'avant gauche, à côté du commandant, à sa droite, le copilote. Charles de Gaulle est à droite, sur le siège arrière, à sa gauche, Madame Yvonne de Gaulle.

Pensant que l'on va gagner Mulhouse, François Flohic n'éprouve pas d'inquiétude particulière. Le président lui demande de lui indiquer Orges, sur la carte Michelin.

Voyant mal les hélicoptères se ravitailler à un poste à essence, au bord de la route, il lui répond froidement qu'il ne trouve pas la localité.

Charles de Gaulle saisit sa réticence, n'insiste pas et ordonne de faire route sur l'aérodrome militaire de Saint-Dizier.

A 12 heures 50, les hélicoptères se posent en bout de piste, où le colonel commandant la base a stationné les camions citernes.

Le ravitaillement est rapidement exécuté. A tout hasard, ignorant le périple à effectuer, François Flohic demande au colonel de positionner une citerne à Colombey, au cas où il faudrait rentrer à Paris.

Les hélicoptères reprennent l'air à 13 heures 10. Pendant tout ce temps, le Général et Madame de Gaulle sont restés sanglés, sur leur siège, sans prononcer une seule parole.

Très concentré pendant tout le trajet, Charles de Gaulle dévoile alors sa destination : la résidence du général Jacques Massu, commandant les forces françaises en Allemagne, à Baden-Baden. François Flohic se concerte avec les pilotes sur la route à emprunter. Il importe de franchir les Vosges au col de Saverne, car Boissieu a informé ses collègues que la météo était mauvaise sur les reliefs. Il est décidé de passer au nord de Nancy, de gagner le col de Saverne, de franchir le Rhin au nord de Strasbourg.

Se remémorant « Le fil de l'Epée » et le rôle capital de la surprise, dans toute action, François Flohic ordonne aux pilotes de voler aussi bas que possible, en évitant de se faire repérer par les radars, dont ils connaissent les emplacements. Ordre est donné de renvoyer l'hélicoptère de la Gendarmerie, ce qui est exécuté immédiatement, sans poser de question. On passe en silence radio. Comme il est dégagé des préoccupations matérielles, les pensées de François Flohic se précipitent durant le trajet.

L'esprit va vite en période de crise. Il penche désormais pour une consultation de Massu, avant de passer la nuit chez Boissieu à Mulhouse, d'autant que le Général lui fait noter sur l'enveloppe, en tête de la Présidence, avec laquelle il communique avec lui, les noms des généraux Jacques Beauvallet et Jean-Louis du Temple de Rougemont qui commandent à Metz et à Coblence, respectivement[27].

François Flohic examine l'hypothèse du retrait du pouvoir du Chef de l'Etat, puisque Madame de Gaulle l'accompagne et que tous les bagages ont été embarqués. Il est inquiet, encore que le fait de l'accompagner en uniforme le rassure quelque peu.

Il se dit qu'il ne l'aurait pas entraîné dans son exil volontaire, sans son accord préalable, bien qu'il sache que la ruse fait partie de la panoplie des moyens du chef.

Se place alors un fait dont François Flohic n'a saisi l'importance qu'à la lecture des mémoires de Boissieu. Le Général lui demande de le mettre en liaison avec Massu, ce qui malheureusement ne peut être fait, l'hélicoptère n'ayant que les fréquences préréglées, nécessaires au trajet Paris-Colombey.

On comprend que Charles de Gaulle, n'ayant aucune nouvelle de son gendre, veuille s'assurer, auprès de Massu, du lieu exact du rendez-vous. On sait que Boissieu n'a pu joindre Massu au téléphone depuis Colombey (les grévistes du centre téléphonique de Saint-Dizier s'y étant opposés), en dépit de sa vive insistance. Il n'a pu non plus informer son beau-père de l'échec de sa communication.

Lorsque son hélicoptère a repris l'air pour transmettre son message, il était 16 heures, moment où

---

[27] François Flohic apprendra, le soir à Colombey, que Charles de Gaulle a fait convoquer, par le général Lalande, le général Beauvallet, pour le lendemain à la Boisserie et qu'il faut le décommander.

Charles de Gaulle était sur le point de quitter Baden-Baden. Boissieu a déclaré dans ses mémoires qu'il avait été retardé sur le trajet Paris-Colombey, par des ennuis de rotor à son appareil.

Le Rhin franchi, l'hélicoptère présidentiel erre quelque peu, au-dessus d'une région inconnue des pilotes.

Outre la recherche de Baden-Baden, il faut éviter d'être percuté par les avions de chasse, décollant d'une base aérienne de l'OTAN. Elle est franchie en rase-mottes, en bout de piste, pour minimiser les dangers de collision.

François Flohic aperçoit soudain un petit terrain, dont les toits des hangars sont peints aux couleurs allemandes et portent les inscriptions Baden-Oos. On y distingue des hélicoptères de l'aviation légère de l'armée de terre (ALAT), aux couleurs françaises.

Il ordonne de se poser immédiatement près d'un hangar. Il est 14 heures 50. Par chance, un sergent de l'armée de l'air se trouve à proximité. François Flohic lui demande de lui indiquer le téléphone le plus proche : il appelle le général Massu.

A sa grande surprise, il obtient aussitôt Madame Suzanne Rosambert Massu qui lui passe son mari :

– *« Mon général, ici Flohic. Nous sommes ici.*

– *Qui nous ?*

– *Le Général et Madame de Gaulle. Indiquez-moi un vecteur pour gagner votre résidence et faites baliser votre pelouse par fumigène.*

– *Mon petit vieux, je suis à poil sur mon lit, en train de faire ma sieste. Donne-moi cinq minutes. »*

Le général Massu tombe des nues, ou plutôt de sa sieste. Il a reçu la veille, en visite officielle, le maréchal

Piotr Kirillovitch Kochevoï, commandant en chef des armées du pacte de Varsovie.

La soirée a été rude, ponctuée de divers toasts, dont les Soviétiques sont friands, en toutes circonstances.

En sortant du hangar, François Flohic rencontre le général André Lalande, tout surpris de le trouver là, car, en tant que militaire, il est sous ses ordres :

– « *Comment Flohic, vous ici !*

– *J'y suis avec le Général et Madame de Gaulle ! Et vous ?*

– *Avec le commandant de Gaulle et sa famille.* »

Avant son départ de l'Elysée, Charles de Gaulle a remis une lettre à Tallon, pour son fils Philippe, avec mission de le conduire, lui et sa famille à Villacoubley, où ils seraient pris en charge par le général André Lalande.

Entre-temps les pilotes ne sont pas restés inactifs. Conscients de la difficulté de localiser la résidence de Massu, alors qu'un léger brouillard masque les reliefs de la Forêt Noire, ils ont demandé qu'un pilote de l'ALAT les guide.

Charles de Gaulle, toujours sanglé sur son siège, n'a pas prononcé une seule parole. Au moment où son hélicoptère décolle, un « Beechcraft » vient se ranger à proximité, Par un hublot, François Flohic distingue le visage de son camarade Philippe De Gaulle.

Il n'en est pas étonné. Lalande vient de l'en informer. Il en est plutôt rasséréné.

Dès l'instant où Charles de Gaulle met sa famille à l'abri, c'est qu'il va tenter quelque chose. Lors du putsch des généraux d'Algérie, il avait fait demander au chef d'état-major de la Marine de faire appareiller d'Oran « Le Picard », commandé par son fils, afin de le soustraire à une prise éventuelle d'otages par les putschistes.

Sur la pelouse de sa résidence, Massu attend ses visiteurs en uniforme. Il est 15 heures. Charles de Gaulle descend de son siège qu'il n'a pas quitté depuis Paris, soit trois heures quinze minutes de temps. Il répond au salut de Massu et l'interpelle :

– *« Alors, Massu, tout est foutu !*

– *Vous n'y pensez pas, un homme de votre prestige a encore des moyens d'action. »*

Madame Yvonne de Gaulle se dirige aussitôt vers la résidence. Madame Suzanne Massu le rapporte, dans le « Baden 68 » de son mari : *« j'entends les hélicoptères vrombir et se poser. Je redescends pour accueillir Madame de Gaulle qui, déjà, avance dans l'allée menant à la maison. Le Général est resté sur le terrain. »*

La réponse de Massu a impressionné le Président de la République. Les deux généraux ont une conversation animée d'une bonne dizaine de minutes sur la pelouse, avant de gagner le bureau de Massu, suivis des aides de camp. Charles de Gaulle se tient très droit, les mains derrière le dos.

Dès que le général de Gaulle en a terminé avec Massu, François Flohic entre à son tour, pour recevoir les ordres. Il joint François Seydoux de Clausonne, ambassadeur de France à Bonn, qui doit informer le gouvernement allemand de la présence du Président de la République sur son sol et venir en consultation à Baden-Baden. A cet effet un hélicoptère doit lui être envoyé.

Charles de Gaulle fait alors asseoir François Flohic, procédure inhabituelle et rarissime à l'égard d'un aide de camp en uniforme, indiquant par là qu'il s'agit d'une consultation de François Flohic : *« Que va-t-il se passer maintenant ?»* François Flohic, sentant l'esprit du Général encore balancer, y va carrément :

– *« Dès l'instant que vous êtes dans une enceinte militaire, bien pourvue en moyens de communication puissants que ne peuvent contrôler les grévistes, les choses me paraissent plus aisées.*

– *C'est vrai ! Mais maintenant que je ne suis plus sur le territoire français, le Conseil constitutionnel va constater ma déchéance. »*

Il lui fait remarquer, sans en être bien convaincu, qu'il est en territoire français, puisque le pavillon national flotte au mât de la pelouse de Massu. Il raisonne évidemment par analogie avec les bâtiments de la Marine nationale, lesquels, où qu'ils se trouvent, sont partie du territoire. Il lui rappelle que le Président Gaston Palewski (compagnon de la libération le 17 janvier 1946) lui est foncièrement fidèle, il ne prendra pas cette initiative, sans sa déclaration. Toutefois, si la pression devenait trop forte, pour qu'il ne puisse éviter d'examiner la question, on peut encore compter sur lui, pour gagner un maximum de temps.

– *« Mais que peut-on faire ?*

– *Agir.*

– *Par exemple ?*

– *La France, dans son ensemble, est pour son Président. Il faut la remettre au travail, en reprenant les usines une par une. De toutes façons, le Général de Gaulle ne peut descendre de la scène de l'Histoire, sans combattre jusqu'au bout !*

– *Je pourrais aller à Strasbourg, mais quel serait l'accueil ?*

– *Je peux me renseigner. J'y ai des amis sûrs. »*

Il est quinze heures trente.

Le plateau de déjeuner commandé interrompt cet échange de vues. Dans la salle à manger, Madame Massu a fait servir une collation froide que François Flohic partage avec Madame de Gaulle. Elle alimente la conversation.

Elle soliloque plutôt, Madame de Gaulle restant muette sur la plupart des sujets abordés qui, tous, portent sur la situation actuelle.

A un moment donné, Madame Massu conclut son exposé par ces paroles terribles : *« Vous savez, Madame, ce n'est pas à soixante-dix-huit ans que l'on refait le dix-huit juin. »*

Madame de Gaulle ne répond pas.

Durant cette courte restauration, Charles de Gaulle a reçu le général André Lalande, puis le général Edouard Mathon, chef d'état-major des forces françaises en Allemagne.

A 16 heures, lorsque François Flohic pénètre à nouveau dans le bureau, il trouve un homme complètement transformé. Il est évident qu'il a pris ses résolutions.

Il demande si l'hélicoptère est toujours disponible et l'heure à laquelle il pourra s'envoler pour Colombey.

Madame de Gaulle, plus imperturbable que jamais, s'apprête à gagner sa demeure. Philippe de Gaulle est descendu chez les Massu avec sa famille.

Les hélicoptères ne sont pas disponibles immédiatement, les pleins de carburant n'ayant pu être aussitôt effectués, sur le terrain de Baden-Oos.

Finalement, Charles de Gaulle s'envole à 16 heures 30, après que son fils lui a demandé, sur le pas de la porte, de l'accompagner : *« tu vois, je n'ai pas de place pour toi. Je t'appellerai si j'ai besoin de toi. »*

Massu ignore la destination du Président de la République. Georges Pompidou a écrit, dans ses mémoires posthumes : *« Après leur départ, j'apprenais de Messmer que l'hélicoptère du Général de Gaulle venait de quitter Baden pour*

Metz. En fait, le Général avait quitté Baden pour Colombey, directement ».

A 18 heures, l'hélicoptère se pose sur l'aire aménagée au bord de la route, située à un kilomètre environ de la Boisserie, à l'écart du village.

Le Général n'a pas accepté de se poser, exceptionnellement, dans son parc. Le court trajet jusqu'à sa demeure se fait dans la 403 du commandant de la Gendarmerie départementale.

En effet, en passant à Colombey, le général de Boissieu a renvoyé le chauffeur Fontenil, à Paris. Pourquoi ? Croyait-il que Charles de Gaulle allait rester à Baden-Baden, ou coucher chez lui, à Mulhouse ?

Rentré dans sa Boisserie, le Général appelle Bernard Tricot, puis Georges Pompidou : Conseil des ministres, le lendemain, comme prévu. A Tricot, le Général indique *« qu'il s'est mis d'accord avec ses arrière-pensées ».*

Apaisé, Charles de Gaulle fait, en compagnie de sa femme et de son aide de camp François Flohic, une longue promenade dans le parc. On ne parle que de fleurs, d'arbres, de poésie… Il y a là quelque chose d'irréel, après les événements qui viennent d'être vécus.

Dans la bibliothèque, il faut tuer le temps, en attendant les nouvelles de vingt heures. Contrairement à ses habitudes, Charles de Gaulle ne s'est pas mis au travail dans son bureau, ni à ses réussites, dans son salon. Son impatience est grande.

François Flohic évoque la force de la légalité, le comportement des communistes, la réponse de la France aux appels de Mitterrand et Mendes-France. Il dit comprendre son impatience à vouloir précipiter les évolutions, bien qu'il apparaisse nécessaire de laisser le temps à la constitution de faire la preuve de son efficacité. Peine perdue, pas de réaction.

Une seule chose importe, les informations.

A 19 heures trente, Charles de Gaulle met son téléviseur en fonction, convaincu de sa panne car, n'apparaît sur l'écran que la neige du bruit de fond.

A 20 heures, la pendule de l'époque apparaît et la voix du commentateur anonyme annonce que *« le Général de Gaulle est rentré à Colombey. »*

A table, le dîner, fort bon, est servi et mangé de bon appétit.

Charles de Gaulle est détendu et de bonne humeur.

*

A un moment donné, il récite des vers sur le Rhin :

« Le Rhin, triste témoin d'éternelles alarmes,
Roule un flot toujours prêt à recueillir des larmes… »

François Flohic avoue ne point connaître l'auteur. *« Vous faites bien, car ils sont de moi ».*

De retour au salon, Charles de Gaulle résume ses intentions pour la journée écoulée, au cas où il ne serait pas revenu de Baden-Baden : *« J'avais informé Kiesinger de ma présence en Allemagne. J'y serais resté un temps, puis je me serais rendu en Irlande, pays de mes ancêtres maternels, les Mac Cartan, originaires de Killarney, puis beaucoup plus loin. De toute manière je ne serais pas resté en France. »*

Ces paroles serrent le cœur de François Flohic mais, estimant la journée assez fertile en événements, il prend congé et gagne la chambre de l'aide de camp qu'il a occupée, la dernière fois, en avril 1959.

LE DENOUEMENT

« … La France, en effet, est menacée de dictature. On veut la contraindre à se résigner à un pouvoir qui s'imposerait dans le désespoir national, lequel pouvoir serait alors évidemment et essentiellement celui du vainqueur, c'est-à-dire celui du communisme totalitaire… »

Pendant ce temps que se passait-il à Paris ?

Apprenant que le Président a décidé de quitter Paris, pour se reposer, Georges Pompidou insiste pour qu'il le fasse à Paris et demande à être reçu. Charles de Gaulle ne le recevra pas, mais accepte de lui téléphoner.

Dans son ouvrage posthume, Georges Pompidou a rapporté qu'il avait trouvé le Général très découragé, parlant de son retrait, comme la seule éventualité possible, ajoutant que lui, Georges Pompidou, représentait l'avenir. Charles de Gaulle terminait l'entretien téléphonique sur un insolite *« je vous embrasse »* qui laisse le Premier Ministre perplexe et inquiet, le Général n'étant pas coutumier d'effusions verbales.

Vers 13 heures 30, Xavier de La Chevallerie, informe Bernard Tricot de son inquiétude. Il n'a pas reçu l'avis d'arrivée du Général à Colombey.

Comme aucun incident aérien n'a été annoncé par les deux hélicoptères d'accompagnement, la conclusion s'impose : il se passe quelque chose d'anormal, mais quoi ?

Le secrétaire général se perd en conjectures.

Les deux aides de camp, d'Escrienne et Tallon, ne peuvent lui donner aucune information et pour cause ! Ils ont le sentiment que Bernard Tricot les suspecte de refuser de les lui donner.

Au même moment, Georges Pompidou, s'éloignant un instant de ses pesantes responsabilités, fête par un déjeuner intime, à Matignon, les fiançailles de son fils Alain. Il n'est pas au courant de la disparition du Général. Il ne le sera que vers 14 heures. A 14 heures 30, il fait convoquer les principaux parlementaires de la majorité, pour tenter de dégager, avec eux, une ligne de conduite.

Le député Guy Sabatier qui fut membre de cette délégation, raconte, dans son ouvrage « Bourgeois es-tu mort » : *« Nous sommes assis autour d'une table, sous la présidence d'un Georges Pompidou méconnaissable : les traits tirés, l'œil triste, la voix basse, s'épongeant le front, se levant nerveusement pour ouvrir la fenêtre. L'homme est exténué. Comment ne pas le comprendre à la suite de ces semaines de combat contre l'irréel et l'irraisonné. Il nous rend compte de son entretien de la veille* (erreur il s'agit du matin même) *au téléphone avec le Général de Gaulle, lui annonçant son départ pour vingt-quatre heures, ses derniers mots : je vous embrasse. Il fait un résumé rapide et tragique de la situation. Il parait désespéré. Comme par automatisme, il fait un tour de table. L'un des premiers je lui dis ma conviction ; il faut arrêter la dégradation. Le Gouvernement a perdu son autorité parce qu'il n'agit pas. Nous n'allons tout de même pas laisser faire l'insurrection sans réagir. Nous avons le devoir de défendre les institutions de la République.*

Il faut un coup d'arrêt, faire intervenir la Gendarmerie et donner l'ordre de tirer si nécessaire. Georges Pompidou, me regardant dans les yeux, me dit d'une voix qui a repris un peu d'autorité : jamais je ne ferai tirer, vous m'entendez, jamais, même si ce soir les émeutiers envahissent les bâtiments publics. Devant pareille détermination, ou plutôt absence de détermination, je n'ajoutais rien. Il n'y avait rien à rajouter. J'étais consterné, car c'était la preuve qu'à tout instant, le soir même, peut-être dans les heures qui allaient suivre, la France pouvait aller à la dérive, à la catastrophe. Chacun fit part de son opinion, de ses propositions, cer-

taines intéressantes, d'autres incroyables. Une heure se passa sans que ne se dessine la moindre décision. La réunion prit fin et au moment de passer la porte Roger Frey me prit le bras et me confia : dis-toi que nous ne sommes pas nombreux à vouloir nous battre. J'étais bouleversé. »

Revenu à l'Assemblée nationale, Guy Sabatier poursuit : *« nous ne savions que dire à nos collègues qui nous attendaient avec anxiété. Nous nous sommes perdus en propos vagues qui n'arrivaient pas à être rassurants, qui ne pouvaient pas l'être. Quelle perplexité ! Quelle absence de moyens d'action ! Quelle douloureuse inquiétude ! Que faire ? Je remuais mentalement des tas d'idées, des hypothèses, des projets, durant la soirée, la nuit. J'en parlais à des amis sûrs. Georges Pompidou a écrit dans son livre posthume intitulé « pour rétablir une vérité » que le Général de Gaulle avait eu une crise de découragement. C'est une hypothèse. Moi je dis : la vérité est que Georges Pompidou a eu une crise d'effondrement. C'est une certitude. Je ne sais pas ce qui s'est passé à Baden-Baden, mais je sais ce qui s'est passé à Paris. »*

Sans le Président de la République, le Premier ministre se trouve dans une situation difficile, sans précédent. Il sonde les parlementaires de la majorité, avant d'entreprendre quelque chose.

Sa décision est prise : il a le devoir de renseigner la Nation. D'où ses instructions à son chef de cabinet de préparer, avec Georges Gorse, ministre de l'Information, les moyens de l'allocution télévisée qu'il compte prononcer.

A l'époque, l'ORTF est en grève à la quasi-totalité de ses 15000 agents. Seuls 25 volontaires assurent le service minimum, imposé par la loi. Les difficultés matérielles et psychologiques de la préparation sont grandes.

Toutefois, elle ne se révélera pas nécessaire et même inopportune car, vers 17 heures, Matignon apprendra enfin que Charles de Gaulle est passé à Baden-Baden et qu'il en est reparti pour la France.

Le général Massu, appelé par le général Fourquet, a laissé entendre que le Président de la République était venu chez lui.

Le jeudi 30 mai est le jour du dénouement de la crise. Aux environs de 10 heures 30, Charles de Gaulle gagne son bureau de la tour à la Boisserie et se met aussitôt à la rédaction de l'allocution qu'il compte prononcer, dès son retour à Paris.

Il apparaît reposé. Une fois de plus, l'air de Colombey lui a été bénéfique. Il lui a redonné sa force, tel le géant Antée au contact de la terre.

Le départ se fait à 11 heures, comme prévu la veille, ce qui le met à l'Elysée peu après 12 heures 30. Il dicte aussitôt son texte à sa secrétaire particulière. Il maintient le référendum annoncé le 24 mai.

A 15 heures, le Conseil des Ministres n'est pas encore assemblé. Le Premier ministre et le Président de la République tardant à apparaître. Le Conseil est vite expédié, Charles de Gaulle lit la déclaration qu'il va faire à la radio, dans l'instant qui suit, à 16 heures 30.

Contrairement à ce qu'il a fait dactylographier le matin, il ne parle plus du référendum. Il annonce la dissolution de l'Assemblée nationale et la tenue de nouvelles élections législatives, dans les délais prévus par la Constitution.

Dans son adresse au Peuple de France, il déclare qu'étant le détenteur de la légitimité nationale et républicaine, il remanie le Gouvernement et appelle les Français à l'action civique.

Les auditeurs retrouvent dans sa brève allocution, prononcée d'un ton résolu, le Charles de Gaulle des tempêtes.

L'effet est foudroyant sur tous les collaborateurs de l'Elysée., mais aussi sur les Parisiens qui quittent leurs bureaux et leurs domiciles pour se rendre à la manifestation prévue sur les Champs-Elysées.

Du bureau des aides de camp, François Flohic les voit se hâter, vers les Champs-Elysées, en file ininterrompue, par l'avenue de Marigny.

Cette manifestation a été organisée par les comités de défense de la République et l'association nationale de fidélité au Général de Gaulle, sans trop croire à son succès. Quelques jours auparavant, Jacques Foccart avait informé le Général que des personnalités envisageaient de faire une manifestation en sa faveur. *« Eh bien »*, avait dit Charles de Gaulle, *« il faut les encourager »*.

François Flohic, n'y tenant plus, abandonne ses collègues de service, se met en civil et rejoint la déferlante marée humaine remontant les Champs-Elysées, de la Concorde à l'Etoile. Charles de Gaulle n'est manifestement plus seul, comme le proclamaient jusqu'alors des slogans hostiles.

C'est une véritable libération qui marque la fin de l'anarchie et prélude le retour à la normale.

Le vendredi 8 novembre 1968, Charles de Gaulle et son épouse reçoivent à déjeuner les Massu, l'ambassadeur et Madame Gérard Raoul Duval, le sous-préfet et Madame Gilbert Carrière. François Flohic y participe comme aide de camp de service. S'adressant à Madame Massu, le Général lui confie : *« C'est la providence qui a placé votre mari sur ma route le 29 mai, ce qui a eu des conséquences considérables, sur-le-champ, et peut-être incalcu-*

lables pour l'avenir. » Il m'a dit : *« vous ne pouvez pas vous en aller. C'est le 29 mai qui a retourné le sentiment de la France et les miens, car j'étais prêt à partir.*[28] »

Qu'à Baden-Baden, Charles de Gaulle soit apparu fatigué à Massu, cela n'a rien de très anormal. Il avait 78 ans et ne s'était jamais ménagé depuis son retour au pouvoir.

En outre, il ne dormait pas depuis plusieurs nuits et venait de passer plus de trois heures sans bouger, sanglé sur le siège d'un hélicoptère, échafaudant des hypothèses pour ressaisir une situation qui lui avait complètement échappé.

Qu'il ait été désabusé, broyant des idées de retrait, on peut facilement le comprendre. Quand on considère tout ce qu'il avait déjà réalisé pour ses concitoyens, on se dit qu'il y avait de quoi être amer au plus profond de son cœur, devant le spectacle que donnait la France.

Il y avait aussi la ruine de l'autorité de l'Etat et peut-être de tout ce qu'il avait accompli.

Charles de Gaulle a failli abandonner, car c'était véritablement un drame personnel qu'il vivait. Qu'il se soit ressaisi est méritoire, dans une situation ne semblant plus comporter d'issue que dans une prise du pouvoir par les communistes ou la poursuite de l'anarchie, avec le risque de guerre civile et de bouleversement de l'équilibre européen et même mondial.

Massu a été parfait à Baden-Baden, d'autant plus que Madame Massu, si l'on en juge par les paroles dites à Madame de Gaulle, n'était pas de son sentiment.

---

[28] L'ambassadeur et Madame Raoul Duval ont été tellement surpris qu'ils sont venus dans le bureau de François Flohic pour s'assurer qu'ils avaient bien compris.

Charles de Gaulle lui a donné l'accolade, en témoignage de satisfaction pour son comportement.

On ne sait pas quelle aurait été sa décision, si Massu n'avait pas plaidé aussi éloquemment le retour à Paris, pour s'y battre.

Plutôt, il est à craindre qu'il aurait abandonné, comme il l'a déclaré le soir à Colombey : *« De toute manière, je ne serais pas resté en France. Les Kissinger, Nixon et autres, auraient pu s'agiter, je ne serais pas revenu sur ma décision. »*

Charles de Gaulle, en se ressaisissant, a ressaisi la France, pour un temps.

Une fois encore, la dernière, le Général a su, a pu redresser le cours des événements.

Le répit sera de courte durée...

*

Au cours de ce déjeuner, Charles de Gaulle rend hommage au général Massu pour son comportement durant ces quelques minutes cruciales, dans sa résidence de Baden-Baden. Certes, le Président de la République avait reçu le soutien préalable du général Beauvallet commandant le 1er corps d'armée à Metz et évidemment celui de son gendre le général de Boissieu, commandant la 7ème division à Mulhouse, mais le soutien de Massu est capital et déterminant.

Dans la débandade complète du Gouvernement, Charles de Gaulle constate, sur place, qu'il peut s'appuyer sur le grand corps de l'Armée, unanime à condamner les désordres et l'anarchie, pour continuer son mandat de Président, confié par la Nation.

Alors que les états-majors, à Paris, sont fluctuants, ce sont les chefs, sur le terrain, Massu à Baden, Beauvallet à Metz, Boissieu à Mulhouse, Rougemont à Coblence, soutenus par leurs hommes, excédés de ce qui se passait dans la capitale et les grandes villes, qui l'ont assuré de leur soutien et de leur fidélité à l'Etat.

Dans le grand abandon de la France d'elle-même, il reste au moins l'Armée sur laquelle il peut s'appuyer, l'Armée qui montre, une fois de plus, qu'elle est le ciment de la Nation et le garant de l'unité nationale.

Le DÉPART

« … Ce que nous faisons d'humain se retrouvera peut-être après notre mort… »

Mai 68 a des conséquences dommageables considérables. D'abord et rapidement sur l'économie.

Il faut payer la note des grèves et des désordres et aussi de l'accroissement du salaire horaire. En novembre 1968, alors que tous les pays tenaient la dévaluation du franc pour inéluctable, afin de rendre nos produits de nouveau compétitifs, Charles de Gaulle réussit à l'éviter, ce que Georges Pompidou devenu Président de la République sera contraint d'effectuer en 1969.

Fait peut-être plus grave, car insidieux, les valeurs de la société française sont profondément altérées.

Le refus de toute sélection et du classement hiérarchique, son corollaire, est, si l'on peut dire, officialisé.

Les effets pervers de l'égalitarisme angélique demeurent encore aujourd'hui répandus dans l'esprit de nos concitoyens.

Enfin les rapports d'amitié, entre Charles de Gaulle et Georges Pompidou, sont détruits.

Le Général s'est rendu compte que son Premier ministre avait joué un jeu personnel qui rompait le contrat tacite entre eux.

En juillet 1968, après la démission de Georges Pompidou, suite aux élections législatives, Maurice Couve de Murville est nommé Premier ministre.

Charles de Gaulle confie à François Flohic, à l'Elysée : *«… En réalité, on ne peut conserver éternellement le même Premier ministre ; un peu plus de six années, c'est déjà fort long ! Et puis, dans cette affaire, on a laissé les choses aller ; de plus, Monsieur Pompidou a rouvert la Sorbonne. A mon retour de Roumanie, j'ai voulu agir, mais en fait, Pompidou, Fouchet, Peyrefitte ne le voulaient pas, car ils avaient peur qu'il y ait mort d'étudiants ; on ne peut gouverner avec de tels soucis. Quant aux ouvriers, sentant alors que le Gouvernement reculait, ils se sont mis de la partie, coiffés ensuite par la CGT et le parti communiste ; alors j'ai pensé quitter le pouvoir, mais ayant senti un mouvement dans l'opinion, je me suis repris, j'ai décidé de rester… »*

François Flohic rappelle ses réserves voilées qu'il a faites à Colombey, à l'appréciation élogieuse de Madame de Gaulle sur l'action de Georges Pompidou, Charles de Gaulle complète alors sa pensée : *« … Oui c'est un fait ; aux yeux de l'opinion, il a pris une dimension nouvelle, mais c'est dans la négociation ; auparavant, il n'a guère agi. C'est encore un peu un professeur qui ignore que l'autorité de l'Etat doit être appuyée sur les moyens de la force publique et, le cas échéant, sur la force armée ; je ne doute pas que la crise ne lui ait servi de leçon. »*

On a daté la rupture, entre Charles de Gaulle et Georges Pompidou, des déclarations de ce dernier à

Rome, réitérées à Genève. En réalité, sa genèse réside dans la « mise en main du marché ».

Il a été un pas de plus, décisif, dans les réticences, maintes fois exprimées par le Premier ministre à des tiers, sur la modification de la société industrielle, par la participation à laquelle Charles de Gaulle était profondément attaché.

L'inaction relative de Georges Pompidou, durant les événements, a convaincu Charles de Gaulle que son Premier ministre n'avait pas joué franc jeu (d'où la décision de Madame de Gaulle de faire fermer la bière de son mari, avant que Georges Pompidou, devenu Président de la République, n'arrive à Colombey).

Les législatives de juin 1968, amenèrent une majorité écrasante de soutien au gouvernement, en réaction à la peur des Français devant la révolte et les désordres de mai. C'est l'assemblée de la « trouille », telle que la qualifie Charles de Gaulle.

Ce n'est pas du tout l'Assemblée qu'il souhaite.

Fondamentalement, sa légitimité avait été mise en cause par la révolte. Il n'a renoncé qu'à contrecœur au référendum annoncé le 24 mai.

Pressé par le temps et l'âge dont il sait ne plus disposer, il comprend que, s'il veut transformer la société française, sur la base de la participation, pour l'adapter aux contradictions du monde moderne, il se doit de procéder rapidement.

D'où sa décision de brusquer les choses, en présentant les propositions du référendum d'avril 1969, qu'il estime nécessaires à la réforme de la société.

Il offre ainsi aux Français la possibilité de revenir sur leur lâche abandon d'eux-mêmes de l'année précédente et de lui manifester leur confiance.

Avec un résultat positif, les réformes en profondeur deviennent possibles, en dépit des oppositions et des réticences conservatrices de tous bords.

Ces réformes, inspirées de l'esprit de participation, dans tous les domaines, à tous les échelons, il les expose longuement dans son entretien du 10 avril 1969, avec Michel Droit, deux semaines avant le scrutin référendaire.

Le référendum du 27 avril sur la réforme du Sénat et des régions, repoussé par 52,41% des suffrages exprimés, entraîne sa démission immédiate.

Par un communiqué lapidaire, du lundi 28 avril, il annonce qu'il cesse d'exercer ses fonctions de Président de la République, à partir de midi.

Lui, qu'on traitait de dictateur, se retire volontairement, à la grande surprise de beaucoup d'électeurs qui ont voté contre lui et qui voulaient simplement lui donner une leçon.

La leçon, ils se la sont donnée à eux-mêmes, mais ils ne l'ont pas encore compris ! Il n'a pas été le « référendum suicide » prétendu par beaucoup.

Ce qu'il en dit à François Flohic, ce lundi matin, son premier interlocuteur, le prouve : *« J'ai proposé à la France une réforme capitale pour l'avenir, elle n'en a pas voulu, mais moi, devant l'Histoire, je n'encours aucun reproche. »*

Dans son ultime message à la Nation, Charles de Gaulle indiquait une voie capable de combler l'absence, dans notre pays, d'instances de concertation entre le politique et les socioprofessionnels : *« Il y a donc, pour ce qui est du Sénat et du Conseil économique et social, actuellement séparés, un véritable gaspillage de valeurs et de compétences. Au contraire, en les réunissant dans un Sénat rénové qui sera saisi par priorité de tous les projets de loi, qui, en présence des ministres, en délibérera publiquement, qui présentera ses avis et propositions d'amendement avant que les députés aient pris position en la matière, on donnera à l'assemblée nouvelle l'audience et l'importance voulues. Mais aussi on ouvrira aux catégories économiques et sociales la participation directe à la préparation des lois. »*

Ces propositions ont fait tomber Charles de Gaulle car il s'attaquait aux « notables ».

Mais leur adoption est toujours nécessaire, aujourd'hui, Charles de Gaulle, au dernier instant de sa vie politique, loin d'être un homme du passé, comme le proclamaient les insurgés irresponsables de mai 68, se révèle ce qu'il a toujours été : un Homme de pensée et d'avenir.

*

Lorsque Charles de Gaulle abandonne volontairement sa présidence, après avoir été désavoué par le peuple, dans son projet de transformation de la société et du Sénat, la France dispose des moyens d'assurer sa sécurité et son indépendance.

Elle est membre du club atomique avec les Etats-Unis, le Royaume-Uni, l'URSS et la Chine et membre du conseil de sécurité de l'ONU, avec droit de veto.

Elle est une Nation qui compte sur la scène mondiale.

De tout ce qui précède, nous avons vu que les moyens militaires sont indispensables à l'Etat, qui ne se maintiendrait pas sans eux et qui assurent la cohésion nationale, dans les crises extrêmes.

Charles de Gaulle les a assumés, dans tous leurs aspects, pour refaire l'unité de la France, libérer la Patrie, assurer sa sécurité et son indépendance.

Lorsqu'il part, le 27 avril 1969, la France dispose d'institutions solides, d'une armée obéissant de nouveau à la République, munie de la terrifiante arme nucléaire.

CHAPITRE SEPTIÈME

L'héritage

LES INSTITUTIONS

« … Alors je me sens traversé par un réconfort secret. Puisque tout recommence toujours, ce que j'ai fait sera, tôt ou tard, une source d'ardeurs nouvelles, après que j'aurai disparu … »

Ayant constaté et déploré l'incapacité du régime parlementaire de la IIIème République à armer le pays, avant 1939, et à préparer moralement la Nation, face à une Allemagne revancharde, guerrière et agressive, Charles de Gaulle en tire l'enseignement que le régime de la France doit reposer sur un exécutif fort qui aurait la primauté sur tous les organismes du gouvernement.

Il expose ses idées constitutionnelles. : *« Un chef de l'Etat, placé au-dessus des partis, arbitre au-dessus des contingences politiques, garant de l'indépendance nationale »*.

Il préconise une deuxième chambre où siègeraient *« Des représentants des organisations économiques, familiales, intellectuelles, pour que se fasse entendre, au-dedans même de l'État, la voix des grandes activités du pays »*.

Telle est l'essence de la constitution qu'il a fait adopter par référendum populaire le 28 septembre 1958

(79,2% des suffrages exprimés en métropole, 92,2% en Algérie et territoires d'outre-mer).

Mais cette nouvelle force des institutions ne satisfait pas pleinement Charles de Gaulle.

Il considère en effet qu'elles ne remplissent pas toutes les conditions pour assurer l'avenir…

L'avenir dans lequel il se projette toujours et qu'il voit dangereux : *« J'ai été élu, sans qu'il fût besoin du suffrage universel, mais, après moi, ce ne sera plus la même chose. Il faut que le Président de la République soit élu par tous les Français, ainsi il sera responsable de la France, comme Kennedy l'est des Etats-Unis. »*[29]

Le 22 août 1962, l'attentat du Petit Clamar sur sa personne, par l'émotion populaire qu'il a entraînée, lui permet d'obtenir par le référendum du 28 octobre que, désormais, le Président de la République soit élu au suffrage universel.

Les Français ont adopté la disposition par 62,25 % des suffrages exprimés.

De ce fait, le président de la République est devenu un « roi républicain » dans une « monarchie élective ».

Dans une conversation à bâtons rompus, avec Alain Peyrefitte, son ministre de l'Information, Charles de Gaulle le confirme : *« Oui, nous sommes en monarchie, mais c'est une monarchie élective. Elle est d'une toute autre essence que la monarchie héréditaire de l'Ancien Régime. Elle instaure une nouvelle légitimité qui fait la jonction avec la légitimité interrompue par la Révolution. Mais cette légitimité repose sur le peuple. »*[30].

Non seulement Charles de Gaulle a pleine conscience d'être le dernier Roi des Francs, mais il a pris ses

---

29 A François Flohic, à Colombey.

30 A Alain Peyrefitte.

dispositions pour que ses successeurs puissent exercer leurs charges, sans trop d'interférence ou d'opposition du pouvoir législatif.

Ils en auront les moyens, encore faudra-t-il qu'ils aient la volonté et le courage d'exercer pleinement leurs devoirs et responsabilités.

Il est plaisant de constater que celui qui s'est opposé le plus férocement à la disposition (François Mitterrand) est celui qui l'a utilisée sans vergogne, parfois même au-delà de son esprit.

Tous les Présidents, qui ont succédé à Charles de Gaulle, ont plus ou moins complètement utilisé, avec plus ou moins de bonheur, les pouvoirs qui sont les leurs.

L'idéal est une Chambre qui soutient le président de la République, mais il ne doit pas en être le prisonnier. Il doit conserver sa liberté, face au législatif. François Mitterrand s'est trouvé avec une Chambre d'opposition, suite à une élection régulière des députés, de même Jacques Chirac, après sa dissolution malheureuse de l'Assemblée nationale.

Dans le système que l'on a qualifié de cohabitation, ces deux présidents ont conservé et exercé pleinement leurs pouvoirs, dans les Affaires étrangères et la Défense.

François Mitterrand a même été jusqu'à refuser de signer des décrets qui lui étaient présentés par son Premier ministre Jacques Chirac, qu'il estimait inappropriés à la Nation.

On peut dire que la Constitution a fait preuve de souplesse et d'efficacité. Malheureusement, des coups lui ont été portés qui changent sa nature.

Le quinquennat d'abord, qui lie plus ou moins l'exécutif au législatif, étant donné que la nouvelle chambre, élue dans la foulée de l'élection du Président de la République, lui permet, en principe, de disposer d'un législatif favorable. Le président est l'élu d'un parti et non plus celui de la Nation. Il doit même obtenir l'autorisation de se présenter, au cours de primaires internes ! Comment, dès lors, s'étonner qu'il soit prisonnier, qu'il le veuille ou non, de sa majorité ?

Sur la pente néfaste du retour à une république parlementaire, on voit poindre l'idée d'élire le président de la République et les députés, par le même scrutin, au moyen de deux bulletins séparés. Actuellement, un tribun « talentueux », démagogue, sans scrupule, prône ouvertement le retour à un régime purement parlementaire, pour, sous couvert de démocratie, installer le désordre qui assurerait la satisfaction des ambitions personnelles et d'abord les siennes.

L'Assemblée nationale a reçu des pouvoirs accrus, dans la fixation de son ordre du jour, dans certaines conditions.

Le référendum qui renforce la Constitution, en permettant de dénouer solennellement des situations qui ne peuvent l'être par les consultations régulières, qui devrait rester l'initiative du Président de la République, a sa saisine élargie, pour des raisons démagogiques, en excipient de leur caractère démocratique.

Après avoir été dénoncé comme l'instrument du césarisme, conduisant à la dictature d'un seul Charles de Gaulle, le référendum est maintenant accepté par l'opinion ; même modifié, il reste un mécanisme important.

Mais comment faire, si l'on ne veut pas que le président soit l'élu d'un parti, par le mécanisme des primaires ?

Il semble que les médias, dans leurs émissions politiques, où ils mettent les personnalités sur le grill de journalistes spécialisés, sont un bien meilleur révélateur des postulants que les grandes messes où les partis montrent leurs muscles.

*

Les Français ne seront jamais complètement satisfaits de leurs institutions.

L'important demeure : que le Président de la République puisse décider, sans trop d'interférence et d'opposition du législatif, on l'espère pour le bien de la Nation, ce qui présuppose qu'il soit éclairé, dans une hauteur de vue et l'absence de parti pris.

Cela pose la question de la formation des élites, que la frénésie égalitaire des Français ne permet pas de mettre en œuvre, à l'éducation nationale, pour des raisons de démocratie mal comprise.

Ce n'était pas le cas au début de la IIIème République, où le savoir était considéré comme le moyen de l'émancipation du peuple.

LA DEFENSE NATIONALE

« … L'épée est le symbole de la force militaire qui fonde et soutient le pouvoir politique… »

Durant la guerre et avant son retour au pouvoir, en 1958, Charles de Gaulle n'a cessé de porter attention à la Défense nationale.

Lorsqu'il abandonne sa présidence provisoire en 1946, il a déjà fait étudier une loi d'organisation de nos armées, une loi des cadres et effectifs, une loi de recrutement, une loi des programmes.

L'ordonnance du 7 janvier 1959 reprend les idées de 1946, en y intégrant ce que nécessitent les menaces du présent.

En 1945, une arme nouvelle, terrifiante, l'arme atomique bouleverse la stratégie militaire. Elaborée par les Etats-Unis, elle est utilisée par eux, pour la seule et première fois à Hiroshima et Nagasaki, les 6 et 10 août, au Japon.

Charles de Gaulle, pénétré de l'horreur que lui inspire cette utilisation, se dit *« tenté par le désespoir, en voyant paraître le moyen qui permettra, peut-être, aux hommes, de détruire l'espèce humaine »*.

Très rapidement, l'URSS et le Royaume-Uni accèdent à l'arme nucléaire.

La France, où elle est, ce qu'elle est, se doit d'appartenir au plus vite au club des nations nucléaires.

Le 3 novembre 1959, inspectant le centre des hautes études militaires (CHEM), Charles de Gaulle expose sa conception de la légitimité du Gouvernement : *« le Gouvernement a pour raison d'être, à toute époque, la défense de l'indépendance et de l'intégrité du territoire. C'est de là qu'il procède »*.

Au sujet du nucléaire, notons qu'en 1939, la France était en tête des recherches nucléaires. Pierre Joliot-Curie avait même pris le brevet définissant ce que serait une arme nucléaire de fusion.

En 1940, notre pays possédait le stock mondial d'eau lourde nécessaire au ralentissement des neutrons que Raoul Dautry, ministre de l'Armement, fit transporter en Angleterre, avant l'effondrement du pays et l'invasion allemande.

En 1945, le Général de Gaulle, prévoyant l'avenir, avait créé le commissariat à l'énergie atomique, si bien qu'après sa démission, la IVème République avait pu, secrètement, poursuivre les recherches.

A son retour, l'Etat peut tabler sur la réalisation d'une bombe expérimentale, à brève échéance, que la direction des applications militaires (DAM) est chargée de réaliser.

Dès le 22 juillet 1959, il est décidé que la première explosion devra se faire avant le 1er semestre de 1960. De fait, notre première bombe explose le 13 février 1960, à Reggane, au Sahara.

Le 24 août 1968, la bombe thermonucléaire est expérimentée à Fangataufa, dans le Pacifique.

La France accède à la puissance ultime.

Le 3 novembre de 1959, Charles de Gaulle a exposé aux auditeurs du CHEM sa politique de défense, de laquelle il ne va pas varier durant toute sa présidence : *« Il faut que la défense de la France soit française… un pays comme la France, s'il lui arrive de faire la guerre, il faut que ce soit sa guerre. Il faut que son effort soit son effort… il est indispensable qu'elle (la défense) nous soit propre, que la France se défende par elle-même et à sa façon… le système qu'on a appelé intégration a vécu… cette défense est une obligation impérieuse, il faut avoir le courage de la vouloir et celui de la remplir. Dans le domaine de la défense, ce sera notre grande œuvre, dans les années qui viennent ».*

Toujours dans la même enceinte, il revient, le 16 février 1963, en exposant les moyens nécessaires à l'indépendance et à l'intégrité : c'est un armement nucléaire. *« Il est évident, pour un pays, qu'il n'y a pas d'indépendance imaginable, s'il ne dispose pas d'un armement nucléaire, parce que, s'il n'en a pas, il est forcé de se remettre, à un autre qui en a, de sa sécurité et par conséquent de sa politique. »*

Très tôt, il définit les systèmes d'armes (nucléaires) à réaliser en priorité : avions mirages IV, fusées sol-sol, sous-marins à propulsion nucléaire, sous-marins nucléaires lanceurs d'engins (SNLE).

L'organisation repose sur la DAM, les savants et ingénieurs sont désignés, les moyens financiers et industriels rassemblés.

Cette ambition de la France ne va pas sans doutes, critiques, oppositions tant internes qu'externes.

Pour ce qui est des oppositions externes, il faut citer celle des Etats-Unis qui ne voient pas d'un bon œil la France échapper à leur tutelle.

A Rambouillet, en septembre 1959, lors du dernier jour de la visite officielle d'Eisenhower, Président des Etat-Unis, François Flohic a été témoin, comme interprète, de sa tentative de dissuader le Président de la République de poursuivre son entreprise. Selon Eisenhower *« au-delà de la difficulté de faire exploser un engin nucléaire, il y a celle de sa transformation en arme et de son transport jusqu'à l'objectif par avion ou par fusée. Dans l'état actuel de la technique, ces dernières doivent être enterrées en silos protégés, pour avoir une quelconque valeur militaire. Le coût d'un tel système est proprement astronomique et, déjà, il y a la nécessité de passer au thermonucléaire. La force nucléaire est une entreprise sans fin, elle n'est pas à la portée de toutes les nations. »*

Cette mise en garde, à laquelle Charles de Gaulle ne répond rien, n'est pas de nature à le détourner de son projet.

Les critiques internes portent sur la mégalomanie de Charles de Gaulle, sur l'incapacité de la France à atteindre cet objectif, hors de portée de ses moyens scientifiques, industriels, financiers.

De 1960 à 1970, près de 15 milliards de francs (courants) sont dépensés pour réaliser les armements nucléaires et leur environnement.

Deux lois programmes, couvrant les périodes 1960-1964 et 1965-1970, sont votées, la première avec quelques difficultés.

Dans sa conférence de presse du 23 juillet 1964, Charles de Gaulle justifie ses décisions : *« on stigmatise à grands cris le prix, soi-disant démesuré, des armements atomiques, alors que ce prix ne dépasse pas, annuellement, la centième partie de notre revenu national, ni le quart de nos dépenses militaires, ni la moitié de ce que nous payons aux pensionnés ou retraités de l'Etat, ni le montant des prestations sociales versées aux exploitants agricoles, mais nous permet de diminuer de moitié les effectifs de notre armée et la durée du service militaire. »*

Dans son allocution du 27 avril 1965, il précise sa politique de défense : *« au point de vue de la sécurité, notre indépendance exige, à l'ère atomique où nous sommes, que nous ayons les moyens voulus de dissuader nous-mêmes un agresseur éventuel, sans préjuger de nos alliances, mais sans que nos alliés tiennent notre destin dans leurs mains. »*

Toute cette politique a été décidée en de multiples conseils de défense, tenus sous sa présidence, à l'Elysée.

De 1959 à 1969, nous en avons répertorié 27 en tout, certains, il est vrai, principalement dédiés à la guerre d'Algérie, sans que, toutefois, l'organisation de la défense en soit absente.

Il y eut aussi l'opposition à l'intérieur de l'armée. D'aucuns souhaitent que l'effort prioritaire soit fait pour garder l'Algérie à la France, d'autres s'inquiètent des conséquences sur nos rapports avec les Etats-Unis, d'autres, enfin, répugnent simplement au changement qui diminuait leur importance.

Charles de Gaulle, Président, n'a pas ménagé sa peine pour faire évoluer les armées et leur faire accepter la stratégie de dissuasion.

C'est aux auditeurs du CHEM qu'il s'est adressé principalement, les 3 novembre 1959, 15 février 1963 et 27 janvier 1968.

Les moyens sont une chose. Dès qu'ils existent, ils ont leur importance nationale et internationale, mais pas nécessairement leur plein effet, car il s'agit de les mettre en œuvre par gesticulation et, le cas échéant, menace d'emploi.

C'est la prérogative suprême du Président de la République, chef des armées, qui se trouve indiscutée par son élection au suffrage universel et qui suffirait à la justifier.

*

Aujourd'hui, d'aucuns prônent l'abandon de la force de dissuasion, sans considérer jamais le nombre d'États ayant accédé au nucléaire militaire, rendant le monde, chaque jour, plus dangereux.

On assiste au déferlement du terrorisme, financé et encouragé parfois par des États mal intentionnés à l'égard de la France.

Nous nous devons de nous y opposer vigoureusement, en employant tous les moyens conventionnels à notre disposition : renseignement, police, service action, couverts par la dissuasion nucléaire.

UN ORDRE SOCIAL NOUVEAU SANS LUTTE DES CLASSES

« … Il s'agit de faire en sorte que les hommes qui ont à accomplir une œuvre commune soient assez près les uns des autres pour se comprendre, s'expliquer, s'associer. C'est cela la participation… »

Comment advient-il que Charles de Gaulle, ayant restauré l'Etat, refait la Nation, prôné l'ardente obligation du plan, en soit venu à recommander la transformation de la société, par la participation et la décentralisation ?

Comment lui, l'héritier de l'Etat centralisateur, dont on peut suivre la marche depuis Louis IX, Richelieu, Colbert, Bonaparte, s'est-il converti à la décentralisation ?

Cette décentralisation va de pair avec l'évolution de la condition humaine.

A l'université d'Oxford, le 25 novembre 1941, il avait proclamé que le devenir de l'homme était l'un des éléments du progrès de la civilisation : *« il faut convenir, en effet, que, dans l'époque moderne, la transformation des conditions de vie, par la machine, l'agrégation croissante des masses et le gigantesque conformisme collectif qui en sont les conséquences, batte en brèche la liberté de chacun… Il se produit une sorte de mécanisation générale dans laquelle, sans un grand effort de sauvegarde, l'individu ne peut manquer d'être écrasé »*.

C'est ce souci de sauvegarde de la liberté de l'individu qui animera sa pensée constante à trouver une parade à cet asservissement. Sa première réalisation concrète est la création des comités d'entreprise, en 1945.

Dans tous ses discours, il souligne la nécessité de faire évoluer la condition ouvrière. Il y voit l'obligation morale d'éviter que l'homme ne soit qu'un rouage de la machine, de lui donner plus de dignité dans le monde industriel et de le faire profiter du fruit de ses efforts.

Le 1er mai 1950, à Bagatelle, il parle des ouvriers *« liés aux machines quant à leur travail, au patron quant à leurs salaires, qui se sentent moralement réduits et moralement menacés. Et voilà la lutte des classes »*.

En 1960, il écrit à Marcel Loichot qui se préoccupe de la question *« depuis toujours, je cherche, un peu à tâtons, la façon pratique de déterminer le changement non point du niveau de vie, mais bien de la condition de l'ouvrier »*. Les projets de loi, les ordonnances prises, les décrets promulgués, l'amendement Vallon encouragé, les comités d'entreprise, jalonnent la réalisation de ce qu'il entend établir.

Dans son allocution radiotélévisée de fin d'année, du 31 décembre 1967, il précise la portée des réformes réalisées : *« l'année 1968, je la salue avec satisfaction parce que, grâce à l'intéressement du personnel aux bénéfices d'un grand nombre d'industries, elle va marquer une étape importante vers un ordre social nouveau, je veux dire, la participation directe des travailleurs aux résultats, au capital et aux responsabilités de nos entreprises françaises »*.

Les événements de mai 1968 ont un peu accéléré ses réflexions et affermi sa détermination. En réalité, Charles de Gaulle avait saisi la nécessité de la participation, par ses nombreux voyages en France, toujours axés sur nos anciennes provinces.

Il avait pu constater leurs réalités, toujours vivantes, pour le développement dans leurs territoires. Dans son discours du 24 mars 1968, à l'ouverture de la foire internationale de Lyon, il affirme que : *« l'effort multiséculaire de centralisation qui fut longtemps nécessaire pour réaliser et maintenir son unité, malgré les divergences des provinces qui lui étaient successivement rattachées, ne s'impose plus désormais. Au contraire, ce sont les activités régionales qui apparaissent comme les ressorts de sa puissance économique de demain. »*

Le référendum d'avril 1969, s'il avait été positif, aurait permis, après la secousse de mai 1968, la rénovation de l'ordre social.

Il s'en est longuement expliqué dans son entretien avec Michel Droit, le 10 avril 1969. Il confirme ses vues sur le développement économique et social qui s'impose dans les régions qui sont les réalités de nos anciennes provinces. Les membres élus des conseils régionaux le seront par les conseils municipaux, tandis que ses autres membres seront désignés par les organisations socioprofessionnelles.

*

La création des régions, devenues communautés territoriales, nécessitait un changement profond du Sénat. Ce sont les conseils municipaux qui éliraient les membres élus des conseils régionaux et du Sénat, les catégories socioprofessionnelles désignant leurs représentants dans ces assemblées.

Les mesures qui régissent localement la vie des Français seraient prises par les conseils régionaux, tandis que celles qui s'appliquent à toute la France le seraient par le Sénat élargi. La France n'était pas prête pour une telle évolution qui heurtait des situations depuis longtemps acquises, dont notamment les privilèges des sénateurs.

Elle demeure nécessaire.

C'est un long chemin qu'il faut parcourir, pour que notre société se réconcilie avec elle-même et dont nous avons besoin pour le devenir de l'homme, dans un monde où les repères fondamentaux s'effacent devant la licence et l'anarchie. L'échec du référendum de 1969 et la démission immédiate de Charles de Gaulle ont conduit à mettre en sommeil l'idée généreuse de participation.

Il faudra bien y revenir un jour, si nous voulons une société apaisée, capable de s'adapter à l'évolution du monde.

CONCLUSION

CHARLES DE GAULLE DERNIER ROI DES FRANCS

« … Depuis 1958, nous, Français, n'avons cessé de travailler à mettre un terme au régime des deux blocs... nous donnions à comprendre au grand peuple russe… que l'Europe tout entière attend de lui bien autre chose et beaucoup mieux que de le voir s'enfermer… à l'intérieur des clôtures d'un totalitarisme écrasant… »

De même que Clovis s'est servi de ses armes pour enfanter la France post-gallo-romaine, de Gaulle, avec ses quelque 60 000 Français libres, a réussi le tour de force, que la plupart considéraient comme insensé, de ramener la France, vaincue en 1940, à la table des vainqueurs le 8 mai 1945.

Servi par son intelligence exceptionnelle, sa volonté inflexible, sa foi en la France, il est parvenu à défendre ses intérêts, parfois contre ses alliés, dont il s'est fait le héraut, par son appel du 18 juin.

Il a libéré le territoire national, obtenu une zone d'occupation en Allemagne, est devenu membre des cinq grands du Conseil de sécurité de l'ONU, avec droit de veto.

Ayant rétabli la République, il la dote, plus tard, des institutions stables qui permettent l'action à ses successeurs.

A l'issue des grands bouleversements de la guerre, il a accompagné les évolutions inévitables, parfois au prix de profonds déchirements, comme la guerre d'Algérie.

Il fallait, selon sa propre expression, que la France épouse son siècle, c'est-à-dire un monde en profonde et rapide évolution, vers l'ordre qualifié aujourd'hui de mondialisation.

De Gaulle, qui assume sans exclusive l'histoire millénaire de la France, veut qu'elle joue son rôle, selon son propre génie, hérité de sa longue appartenance à la chrétienté, dans le concert mondial.

*

Au regard de ce qu'il a accompli, nous pouvons légitimement dire que Charles de Gaulle a été le dernier « Roi des Francs », auquel nous rendons un hommage solennel.

Des Francs qui se doivent d'œuvrer à l'édification d'une Nation européenne, « de l'Atlantique à l'Oural », seule capable de répondre aux défis auxquels nous sommes aujourd'hui confrontés.

Annexes

ECRITS

Ecrits de Charles de Gaulle

De Gaulle C. Le Fil de l'Epée. Plon (Ed), 1932.

De Gaulle C. Vers l'armée de métier. Berger-Levrault (Ed), 1934.

De Gaulle C. La France et son armée. Plon (Ed), 1938.

De Gaulle C. Lettres, notes et carnets. Plon (Ed), 1988.

De Gaulle C. Mémoires. Gallimard (Ed), 2000.

De Gaulle C. Discours de guerre. Textuel (Ed), 2010.

TEMOIGNAGES

Témoignages de Compagnons de la Libération

Catroux G. Dans la bataille de la Méditerranée. Julliard (Ed), 1949.

De Boissieux A. Pour servir le Général. Plon (Ed), 1982.

Chaban-Delmas J. Les Compagnons. Albin Michel (Ed), 1986.

De Lattre J. Reconquérir. Ecrits 1944-1945. Plon (Ed), 1985.

De Montsabert A. Notes de guerre. Jean Curutchet (Ed), 1999.

Dronne R. La libération de Paris. Presses de la Cité (Ed), 1970.
Koenig P. Bir Hakeim. Robert Laffont (Ed), 1971.
Michel B.F., Quelen A. Le Service Médical au service de la France libre. Elzévir (Ed), 2010.
Massu J. Baden 68. Souvenirs d'une fidélité gaulliste. Plon (Ed), 1983.
Thierry d'Argenlieu G. Souvenirs de guerre. Juin 1940, janvier 1941. Plon (Ed), 1973.

Témoignages de Français libres

Cremieux-Brilhac J-L. La France libre. Gallimard (Ed), 1996.
De Gaulle P. De Gaulle mon père. Entretiens avec Michel Tauriac. Plon (Ed), 2003.
D'Escrienne J. De Gaulle de loin et de près. Plon (Ed), 1978.
D'Escrienne J-M. 1966-1970, le général m'a dit... Plon (Ed), Paris 1973.
Flohic F. Souvenirs d'outre-Gaulle. Plon (Ed), 1979.
Flohic F. Ni chagrin ni pitié. Souvenir d'un marin de la France libre. Plon (Ed), 1985.
Flohic F. De Gaulle intime. Un aide de camp raconte. L'Archipel (Ed), 2010.
Fouchet C. Les lauriers sont coupés. Plon (Ed), 1973.
Lefranc P. Gouverner selon de Gaulle. Fayard (Ed), 2008.
Massu S. Quand j'étais Rochambelle, Grasset (Ed), Paris, 1969.

Autres sources

Alexandre P. Le duel de Gaulle-Pompidou. Grasset (Ed), 1970.

Bardy G. Charles le Catholique. De Gaulle et l'Eglise. Plon (Ed), 2011.

Benoist-Méchin J. De la défaite au désastre. Fayard (Ed), 1999.

Broche F. L'épopée de la France libre. Pygmalion (Ed), 2000.

Chambe R. Le bataillon du Belvédère. Flammarion (Ed), 1953.

De Brancion H. La campagne d'Italie 1943-1944. Presses de la Cité (Ed), 1996.

Fondation Charles de Gaulle. Charles de Gaulle. 1920-1940. Du militaire au politique. Plon (Ed), 2004.

Goutard A. Le Corps Expéditionnaire Français dans la Campagne d'Italie. Lavauzelle (Ed), 1947.

Grimaud M. En mai fais ce qu'il te plaît. Stock (Ed), 1977.

Historique du 67ème Régiment d'Artillerie d'Afrique. Imprimerie Nationale. Neustadt-Haardt (Ed), 1946.

Juin A. La campagne d'Italie. Guy Victor (Ed), 1962.

Krivopissko G., Levisse-Touzé C., Trouplin V. Dans l'Honneur et par la Victoire. Les femmes compagnons de la Libération. Tallandier (Ed), 2008.

Lacouture J. De Gaulle. Seuil (Ed), 1985.

Lacouture J. Le témoignage est un combat. Germaine Tillion. Seuil (Ed), 2000.

La victoire sous le signe des trois croissants. Pierre Vrillon (Ed), 1946.

Livre d'Or de la 3ème Division D'infanterie Algérienne. Imprimerie Nationale (Ed), 1948.

Mémorial de la France libre. Supplément à la Revue de la France libre. Bauduin (Ed), 1971.

Miquel P. Compagnons de la Libération. Denoel (Ed), 1995.

Morin J. De Gaulle et l'Algérie. Mon témoignage 1960-1962. Albin Michel (Ed), 1999.

Notin J-C. 1061 compagnons. Histoire des Compagnons de la Libération. Perrin (Ed), 2000.

Notin J-C. La Campagne d'Italie. Les victoires oubliées de la France. Perrin (Ed), 2002.

Peyrefitte A. C'était de Gaulle. Fayard (Ed), 1997.

Pompidou G. Pour rétablir une vérité. Flammarion (Ed), 1982.

Rouche M. Clovis. Fayard (Ed), 1996.

Sabatier G. Bourgeois es-tu mort ? France-Empire (Ed). 1984.

Tricot B. Mémoires. Promeneur (Ed), 1994.

Weill H. Les Compagnons de la Libération. Résister à 20 ans. Privat (Ed), 2006.

Index des noms propres cités

A

B

C

D

E

F

G

H

J

K

L

M

N

T

V

W

Z

TABLE

Achevé d'imprimer par Corlet Numérique - 14110 Condé-sur-Noireau
N° d'Imprimeur : 127969 - Dépôt légal : avril 2016 - *Imprimé en France*